Schreibübungsheft

Koreanisch

Grundlagen

Inseon Kim-Juquel
김인선

Adaption für deutschsprachige Lerner von
Susanne Gagneur
in Zusammenarbeit mit dem Lektorat des
Assimil Verlags Köln

Der Sprachverlag

Körnerstraße 12
50823 Köln
Deutschland

© Assimil 2023

ISBN 978-3-89625-377-4

Impressum

Französische Originalausgabe:
Titel: Coréen – Les bases
Reihe: Les cahiers d'écriture Assimil
Autorin: Inseon Kim-Juquel
© 2016 Assimil

Deutsche Adaption:
Herausgeber: Assimil GmbH, Körnerstr. 12, 50823 KÖLN
Titel: Koreanisch – Grundlagen
Reihe: Schreibübungshefte
Deutschsprachige Adaption: Susanne Gagneur
in Zusammenarbeit mit dem Lektorat des Assimil Verlags Köln
Alle Rechte vorbehalten
Gedruckt in der EU
ISBN 978-3-89625-377-4
© 2023 Assimil

Illustrationen & Grafik:
Shutterstock / Alexandrovskyi S. 6 a | Gal Amar S. 4 C | Sky vectors S. 6 c |
Vectorworks_enterprise S. 4 a, b, d, e.

Dieses Buch ist unter Angabe der ISBN weltweit erhältlich.
Bezugsadresse für Buchhändler in **Deutschland**: Prolit Verlagsauslieferung in 35461 Fernwald
oder über alle deutschen Barsortimenter
Bezugsadresse für Buchhändler in **Österreich**: Mohr-Morawa Buchvertrieb, 1230 Wien
Verlagsdirektbezug mit Versand innerhalb Deutschlands und nach Österreich: www.AssimilWelt.com
Restliche Welt: Direktbezug über www.assimil.com

Diese Reihe wird regelmäßig durch weitere Titel ergänzt.
Aktuelle Informationen finden Sie unter www.AssimilWelt.com

Das Werk, einschließlich seiner Teile, ist urheberrechtlich geschützt.
Jede Verwertung ist ohne Zustimmung des Verlages und des Autors unzulässig.
Dies gilt insbesondere für die elektronische oder sonstige Vervielfältigung,
Übersetzung, Verbreitung und öffentliche Zugänglichmachung.

Bibliografische Information der Deutschen Nationalbibliothek:
Die Deutsche Nationalbibliothek verzeichnet diese Publikation in der Deutschen Nationalbibliografie;
detaillierte bibliografische Daten sind im Internet über http://dnb.d-nb.de abrufbar.

Einleitung

Geschichte der koreanischen Schrift

König Sejong der Große und das Hangeul

Der Ausspruch "Ein weiser Mann lernt Hangeul an einem Vormittag, ein Idiot in weniger als zehn Tagen" geht zurück auf die Gelehrten aus dem Umfeld von König Sejong dem Großen (**세종대왕**), der laut zahlreicher historischer Quellen als Initiator bei der Einführung der koreanischen Schrift gilt. Sein Ziel war es, dass alle Bürgerinnen und Bürger seines Königreichs Lesen und Schreiben lernen. Zu diesem Zweck wurde 1446 ein einheitliches alphabetisches System für die Verschriftlichung des gesprochenen Koreanisch geschaffen. Wir haben es bei Hangeul also mit einem Schriftsystem zu tun, bei dem das Erfindungsjahr und der Initiator mit hoher Wahrscheinlichkeit bekannt sind.

Warum wurde Hangeul erfunden?

Bevor es in Korea ein eigenständiges Alphabet gab, wurde in chinesischen Schriftzeichen, den Hanja (**한자**), geschrieben. Wie in vielen Ländern hatten auch im alten Korea nur die Elite und die gehobene, gebildete Schicht die Gelegenheit, die Schrift zu erlernen. Unter König Sejong wurde ein einfaches Schriftsystem entwickelt, das jedermann die Möglichkeit bieten sollte, koreanische Texte zu lesen und auf Koreanisch zu schreiben.

Einführung des Hangeul

Das erste offizielle Dokument, das in dem von König Sejong und seinen Gelehrten entwickelten Hangeul geschrieben war und das die Transkription der koreanischen Sprache beschreibt, trägt die Bezeichnung Hunminjeongeum (**훈민정음**). Es wurde 1997 in die Liste des UNESCO-Weltdokumentenerbes aufgenommen.

Hangeul-Tag

Die Koreaner begehen den Tag der Einführung des Hangeul (**한글날**) mit einem jährlichen Feiertag am 9. Oktober. Der Tag ist grundsätzlich arbeitsfrei, Schulen und die meisten Geschäfte sind geschlossen. Im Rahmen von Kulturveranstaltungen und Feierlichkeiten wird König Sejong und seines Engagements für die Erschaffung eines einheitlichen koreanischen Alphabets gedacht.

Einfaches Hangeul

Das Ziel von König Sejong war der Kampf gegen das Analphabetentum. Hangeul ist ein einfach zu erlernendes Alphabet mit einer phonetischen Schrift: Jeder Buchstabe (Konsonant, Vokal oder Halbvokal) hat seinen eigenen Lautwert. Kennt man diesen, so kann man problemlos die Hangeul-Schrift entziffern bzw. lesen.

Die Aussprache des Hangeul

Die Bildung der Konsonanten

Die Bildung der Konsonanten richtet sich nach der Form und der Position der Sprechorgane bei der Aussprache. Sehen wir uns die fünf Grundkonsonanten an, die die Basis für die Bildung weiterer Buchstaben darstellen:

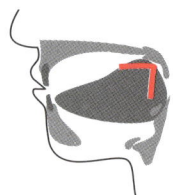

- Die Schreibweise des Konsonanten ㄱ [g] imitiert die Position der Zunge, deren hinterer Teil bei der Aussprache den oberen Gaumen berührt.

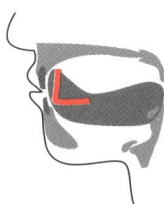

- Die Schreibweise des Konsonanten ㄴ [n] ist der Position der Zungenspitze nachempfunden, die bei der Aussprache den Bereich hinter den oberen Schneidezähnen berührt.

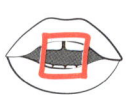

- Die Schreibweise des Konsonanten ㅁ [m] verdeutlicht die Position der Lippen bei der Aussprache: Sie verschließen sich und werden dann sofort wieder geöffnet, um den Laut zu artikulieren.

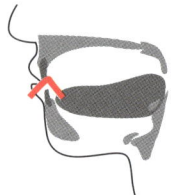

- Die Schreibweise von ㅅ [β] imitiert die Position der Zähne bei der Aussprache bzw. den Verlauf des Luftstroms, der zwischen den Zähnen entweicht.

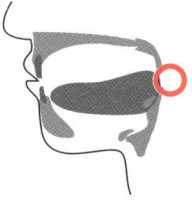

- Die Schreibweise des Konsonanten ㅇ (stumm) verdeutlicht die Form des Rachens, aus dem der Luftstrom entweicht.

Diese fünf Basisbuchstaben bilden die Grundlage für alle weiteren Konsonanten, die sich in zwei Gruppen unterteilen lassen: Doppel- und abgeleitete Konsonanten.
• Doppelkonsonanten stellen sowohl eine grafische als auch eine phonetische Verdoppelung des Bezugskonsonanten dar.
• Abgeleitete Konsonanten werden mit der gleichen Zungenposition produziert wie der Bezugsbuchstabe; unterschiedlich ist jedoch der Luftstrom. Sprechen Sie **n**, **t** und **s** aus: Sie werden merken, dass die Zunge am selben Artikulationsort verbleibt, jedoch ist der im Mund fließende Luftstrom ein anderer.

Die Form dieser Konsonanten entsteht, indem man den Grundbuchstaben zusätzliche Striche hinzufügt:

Grundkonsonanten	Abgeleitete Konsonanten	Doppelkonsonanten
ㄱ [*k*]	ㅋ [*k^h*]	ㄲ [*kk*]
ㄴ [*n*]	ㄷ [*t*]; ㅌ [*t^h*]; ㄹ [*l/r*]	ㄸ [*tt*]
ㅁ [*m*]	ㅂ [*p*]; ㅍ [*p^h*]	ㅃ [*pp*]
ㅅ [*ß*]	ㅈ [*dj*]; ㅊ [*tj*]	ㅆ [*ßß*]; ㅉ [*ddj*]
ㅇ [--]	ㅎ [*h*]	

Die Lautschrift

• Die vereinfachte Lautschrift in diesem Heft orientiert sich an der im Assimil-Selbstlernkurs "Koreanisch ohne Mühe" verwendeten (mehr zu diesem Kurs auf der hinteren inneren Umschlagseite dieses Hefts). Sie wurde speziell für Deutschsprecher konzipiert und benutzt die Buchstaben des deutschen Alphabets, so dass Sie sie spontan lesen können und der authentischen koreanischen Aussprache relativ nahe kommen.
• Die vereinfachte Lautschrift ist kursiv gedruckt und steht in eckigen Klammern: [*Laut*]. An verschiedenen Stellen im Heft haben wir zusätzliche hilfreiche Aussprachehinweise integriert. Sprechen Sie die jeweiligen Laute und Silben während des Schreibens immer wieder laut aus. Dies wird Ihnen helfen, sie sich besser einzuprägen.

Die Bildung der Silben

Hangeul ist eine Silbenschrift:
• Jede Silbe ist entweder nach dem Muster Konsonant-Vokal (KV), Konsonant-Vokal-Konsonant (KVK) oder Konsonant-Vokal-Konsonant-Konsonant (KVKK) aufgebaut und stellt einen Laut dar.
• Jede Silbe wird in ein imaginäres Quadrat geschrieben. Dabei ist die klassische Anordnung der Buchstaben bei den möglichen Kombinationen wie folgt:

 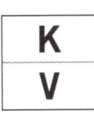 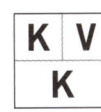

EINLEITUNG

Die Bildung der Vokale und Halbvokale

Den 21 Vokalen des Hangeul liegt eine philosophische Betrachtungsweise der drei Komponenten des Universums zugrunde.

- Der Himmel wird durch einen Punkt • symbolisiert, der die runde Form der Sonne repräsentiert.

- Der Mensch wird durch einen vertikalen Strich ㅣ dargestellt, der seine aufrechte Haltung verbildlicht.

- Die Erde wird durch einen horizontalen Strich ─ symbolisiert, der für den Horizont steht.

Der Punkt • , der den Himmel verbildlicht, ist zu einem kleinen Strich geworden, der vertikal oder horizontal an den Symbolen platziert wird, die den Menschen und die Erde darstellen. Die Hangeul-Vokale stellen also die Zusammensetzung aus Mensch, Himmel und Erde dar.

Vokale können auch mit Halbvokalen kombiniert werden:

Vokal	Kombination aus Halbvokal und Vokal
ㅏ [a]	ㅑ [ja]; ㅘ [wa]
ㅓ [O]	ㅕ [jO]; ㅝ [wO]
ㅗ [o]	ㅛ [jo]
ㅜ [u]	ㅠ [ju]
─ [ɪ]	
ㅣ [i]	ㅞ [we]; ㅟ [wi]; ㅢ [ui]
ㅐ [ä]	ㅒ [jä]; ㅙ [wä]
ㅔ [e]	ㅖ [je]; ㅞ [we]

EINLEITUNG

Inhalt und Arbeitsweise

Was bietet dieses Übungsheft?

• Dieses Schreibübungsheft bildet eine solide und praxisnahe Grundlage, um zu verstehen, wie die Buchstaben des koreanischen Alphabets geschrieben werden, wie die daraus zusammengesetzten Silben aufgebaut sind und um progressiv Fortschritte beim Schreiben der Hangeul-Schrift zu machen.

• Es illustriert präzise und ausführlich die Strichführung für jeden einzelnen Buchstaben und verdeutlicht, wie die Buchstaben innerhalb der Silben angeordnet werden und welche Besonderheiten in bestimmten Fällen zu beachten sind.

• Es wird nicht nur das Schreiben von Einzelsilben vermittelt; Sie lernen auch mehrsilbige Wörter, internationale Wörter, praktische Wendungen aus der koreanischen Alltagssprache und gängige Redewendungen kennen.

• Darüber hinaus vermittelt dieses Schreibheft – quasi nebenbei – immer wieder interessante und wissenswerte Informationen aus der koreanischen Landeskunde.

Wie arbeite ich mit dem Heft?

• Lerner, die noch keine Vorkenntnisse in Hangeul besitzen und sich noch nicht mit der Schrift beschäftigt haben, können das Heft chronologisch und progressiv durcharbeiten. Wenn Sie hingegen bereits über Koreanischkenntnisse verfügen und ein wenig mit der Schrift vertraut sind, können Sie sich gezielt die Kapitel heraussuchen, die Sie interessieren.

• Halten Sie beim Schreiben die angegebene Strichzahl und Strichrichtung ein. Auf diese Weise lernen Sie, die Silben fließend und mühelos zu schreiben.

• Um neben den Schreibvorlagen in diesem Heft noch mehr Platz zum Üben zu haben, benutzen Sie am besten ein Heft mit karierten Seiten.

• Bei der Auswahl Ihrer Schreibwerkzeuge sind Sie relativ frei: Ob Bleistift, Füller oder Kugelschreiber – alles ist geeignet. Sollten Sie sich sogar für einen Schreibpinsel entscheiden, verwandeln Sie dieses Heft in eine kunstvolle Kalligrafiemappe!

• Keine Eile! Arbeiten Sie lieber 15 Minuten pro Tag anstatt mehrere Stunden am Stück.

Konsonanten

Inhalt dieses Kapitels und Hinweise zur Verwendung

In diesem Kapitel lernen Sie alle Konsonanten des Hangeul kennen.

Anders als in unserem lateinischen Zeichensatz, in dem jeder Buchstabe nur eine Form besitzt, kann sich die Form eines koreanischen Konsonanten verändern, je nachdem, wo er sich innerhalb einer Silbe befindet. Schritt für Schritt werden Sie sich mühelos mit den verschiedenen Varianten vertraut machen.

Die Gestaltung der Seiten

1. Die Überschrift

Ganz oben werden die Druckschriftversion, die Lautschrift, die Handschriftform (einschließlich eventueller Alternativformen) und die Strichanzahl des Konsonanten angegeben.

2. Die Kästchenreihen

In die oberen drei Kästchenreihen schreiben Sie den jeweiligen Konsonanten in Quadrate von jeweils vier Kästchen. Halten Sie dabei die ganz unten auf der Seite gezeigte Strichfolge und Strichrichtung ein. Verfügt ein Konsonant über zwei mögliche Formen, so sind beide Alternativen dargestellt.

Die meisten Konsonanten können an unterschiedlichen Stellen innerhalb einer Silbe auftauchen. Welche Positionen dies -sind, ist in den vier nachfolgenden Kästchenreihen dargestellt. Dort steht Ihnen Platz zur Verfügung, um das Schreiben dieser Konsonanten an der jeweiligen Position zu üben. Beachten Sie, dass es theoretisch auch Silben gibt, in denen ein Konsonant unten links oder unten rechts auftaucht, allerdings sind dies nur sehr wenige Fälle, die sich meist auf Fremdwörter aus anderen Sprachen beschränken. Wir haben daher die letzte Kästchenreihe leer gelassen. Es steht Ihnen frei, diese ebenfalls für Ihre Schreibübungen zu benutzen.

3. Zusätzliche Hinweise

In dem beigefarbenen Kasten unten auf jeder Seite finden Sie darüber hinaus nützliche Hinweise zur Aussprache des jeweiligen Konsonanten sowie hilfreiche Schreibtipps, die Sie dabei unterstützen, ein authentisches Schriftbild zu entwickeln.

KONSONANTEN

ㄱ (ㄲ) [g] / [k]   ㄱ (ㄱ)   1 Strich

- 🎵 • Obwohl die Lautschrift [g] ist, stellt ㄱ einen Zwischenlaut zwischen [g] und [k] dar.
  - Vor dem Vokal ㅣ [i] spricht man ㄱ wie das deutsche [k] aus.
  - Im Silbenauslaut spricht ㄱ sich wie ein leicht angedeutetes [k], es sei denn, ㄱ geht eine Lautverbindung mit einem nachfolgenden Vokal ein.
- ✏️ • Vor einem vertikalen Vokal wird der senkrechte Strich leicht schräg nach links gezogen.

KONSONANTEN

ㄴ [n] ㄴ   1 Strich

- ㄴ spricht man immer wie [n] aus, unabhängig von seiner Position innerhalb der Silbe.
- ㄴ schreibt man in nur einem Strich. Es erinnert an ein großes L; achten Sie aber darauf, dass die waagerechte Linie länger ist als die senkrechte. Verwechseln Sie ㄴ nicht mit ㄱ.

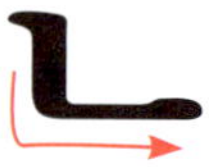

KONSONANTEN

 [d] / [t]   2 Striche

- ♪ • Die Lautschrift von ㄷ ist [d], jedoch liegt ㄷ in der Aussprache zwischen [d] und [t].
  - Steht ㄷ vor dem Vokal [i], neigt die Aussprache eher zu [t].
  - Am Silbenende spricht ㄷ sich wie ein leicht angedeutetes [t], es sei denn, ㄷ geht eine Lautverbindung mit einem nachfolgenden Vokal ein.

- ✏ • Achten Sie darauf, ㄷ in zwei Strichen und mit deutlichen Ecken zu schreiben.

KONSONANTEN

 3 Striche

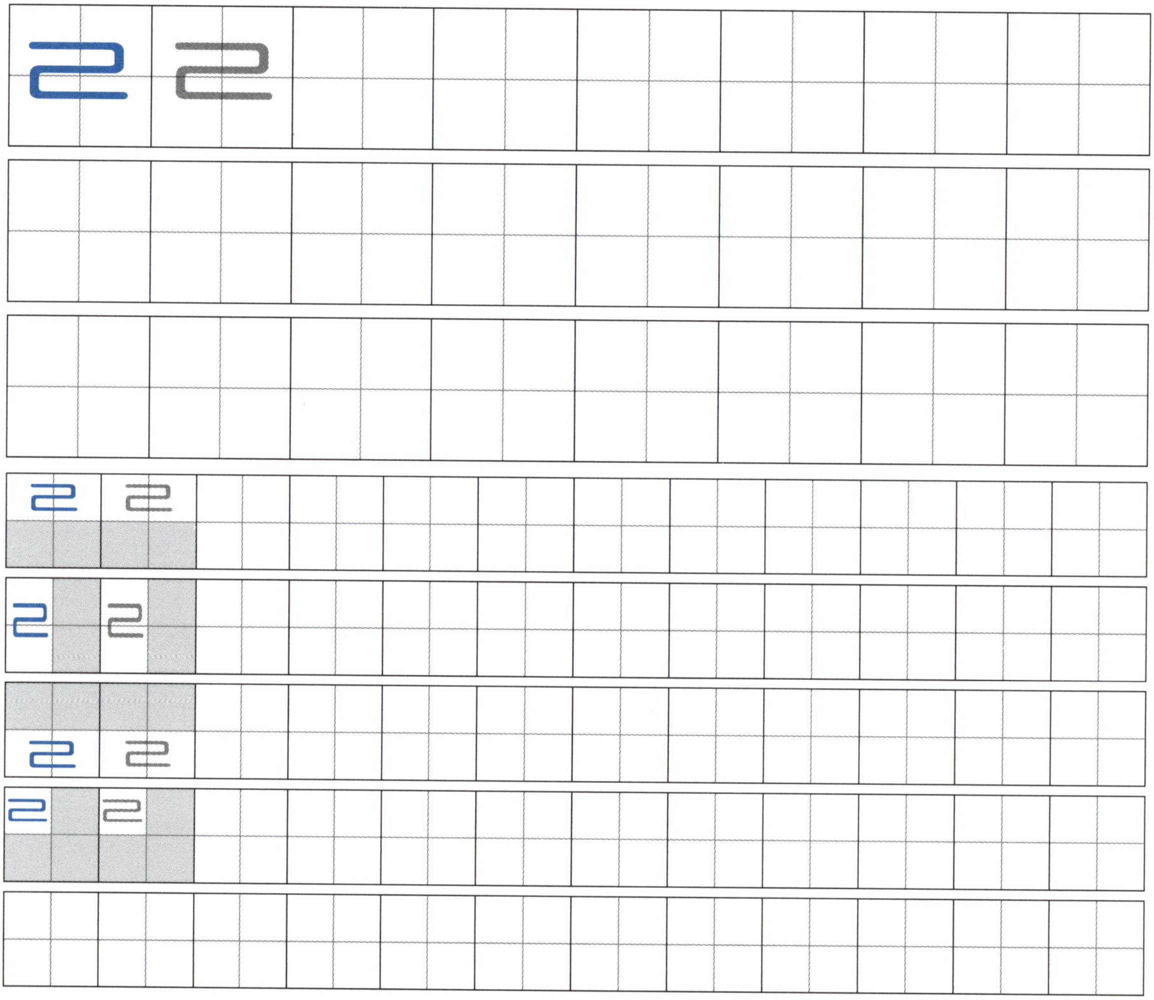

- ♪ • ㄹ spricht man wie [*l*].
  - Zwischen zwei Vokalen verwandelt sich seine Aussprache zu einem gerollten [*r*].
  - Steht es hinter ㅁ [*m*] oder dem stummen Anlautzeichen ㅇ, wird es [*n*] gesprochen.

- ✎ • ㄹ schreibt man in drei Strichen: Der erste Strich entspricht dem Ihnen schon bekannten ㄱ, dann folgt eine waagerechte Linie und dann ein Haken wie beim ㄴ.

KONSONANTEN

ㅁ [m] ㅁ   *3 Striche*

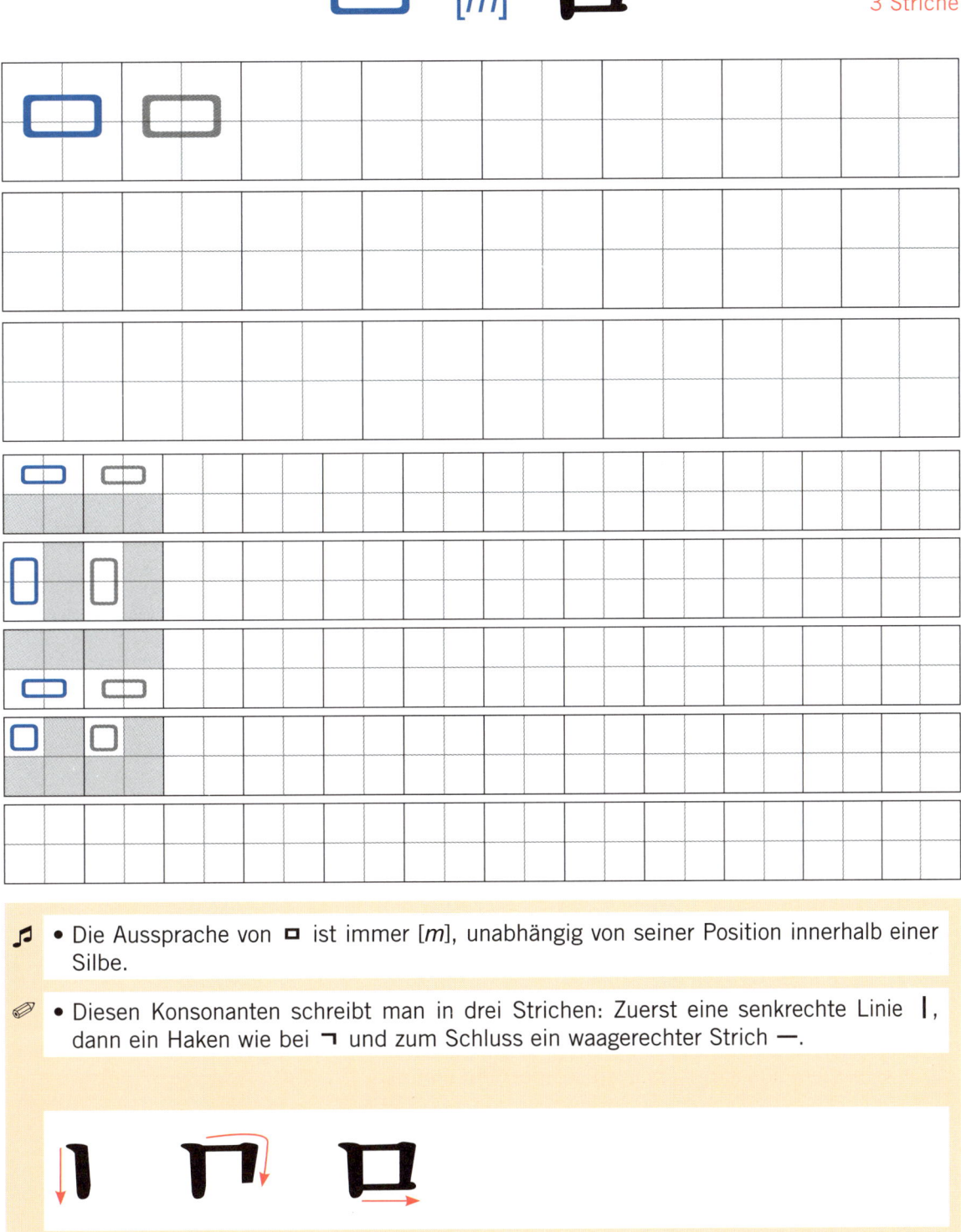

♪ • Die Aussprache von ㅁ ist immer [m], unabhängig von seiner Position innerhalb einer Silbe.

✏ • Diesen Konsonanten schreibt man in drei Strichen: Zuerst eine senkrechte Linie ㅣ, dann ein Haken wie bei ㄱ und zum Schluss ein waagerechter Strich —.

KONSONANTEN

4 Striche

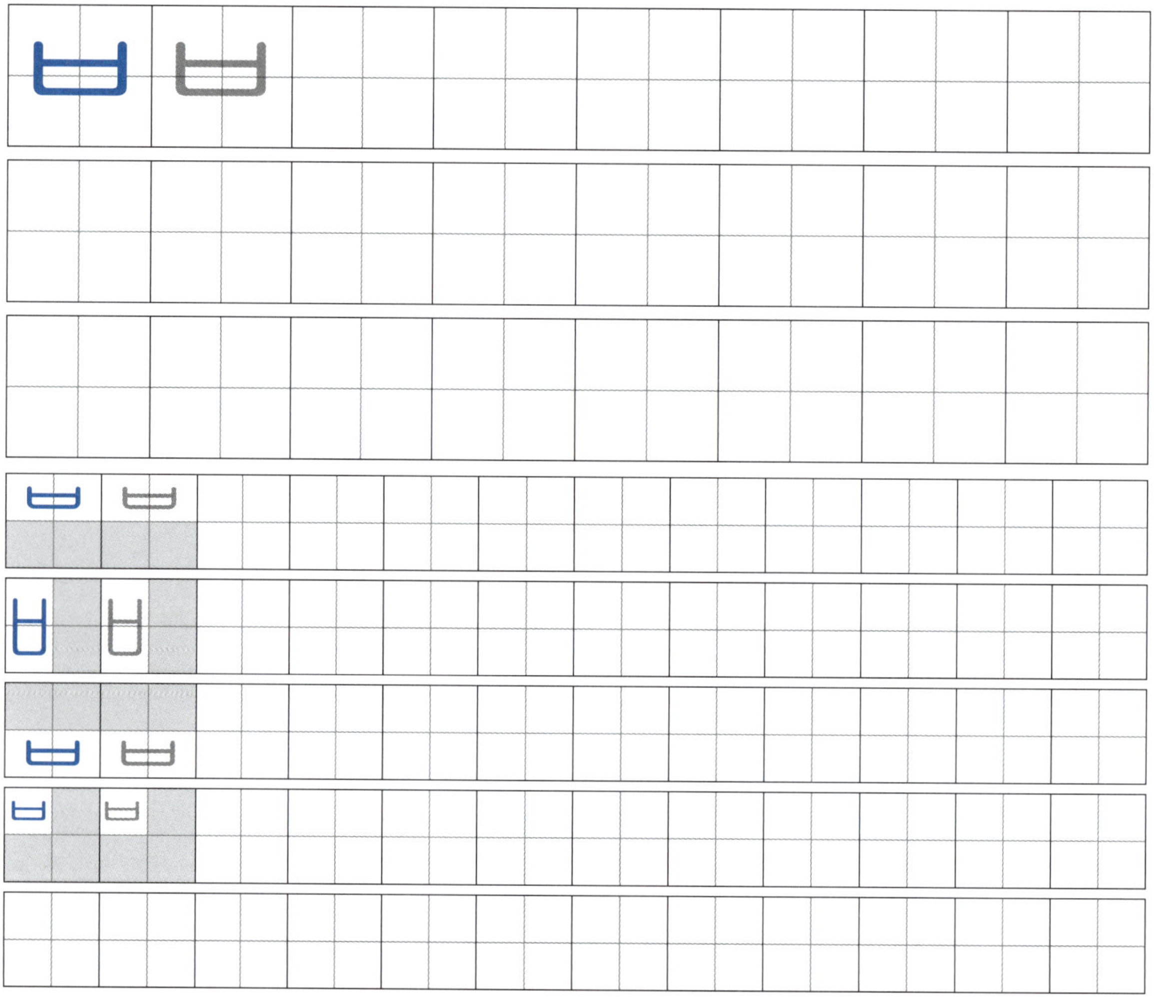

- Die Lautschrift von ㅂ ist [b], seine Aussprache liegt jedoch zwischen [b] und [p].
- Steht ㅂ vor dem Vokal ㅣ [i], neigt seine Aussprache eher zu [p].
- Im Silbenauslaut spricht man ㅂ wie ein leicht angedeutetes [p], es sei denn, ㅂ geht eine Lautverbindung mit einem nachfolgenden Vokal ein.
- ㅂ besteht aus zwei parallelen senkrechten und zwei parallelen waagerechten Linien.

KONSONANTEN

2 Striche

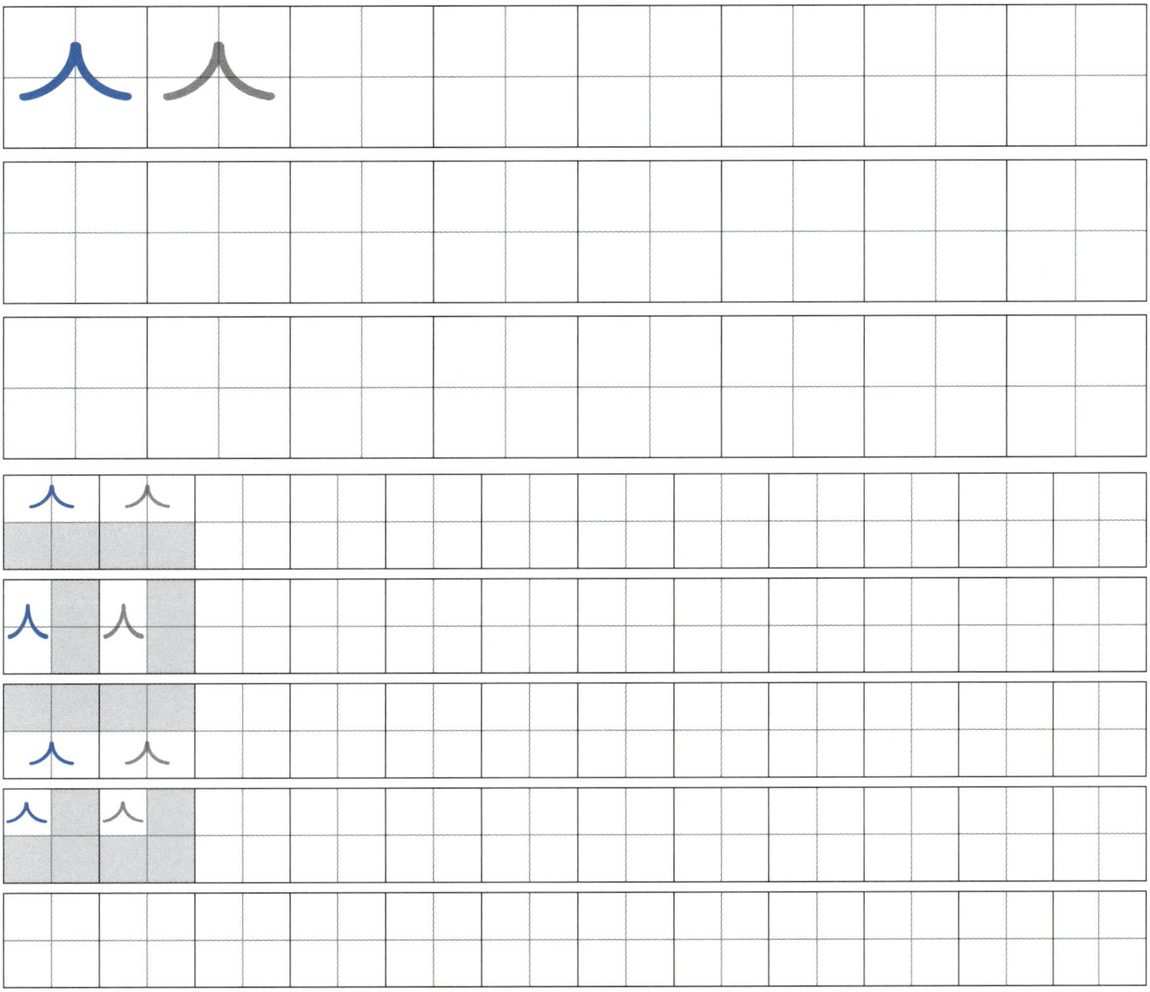

♪ • Im Silbenanlaut und zwischen Vokalen wird ㅅ [ß] gesprochen, es sei denn, es steht vor ㅣ [i] oder einem Halbvokal: In diesem Fall ist seine Aussprache [sch].
• Im Silbenauslaut wird ㅅ immer als [t] wiedergegeben.

✎ • ㅅ besteht aus zwei Strichen. Achten Sie darauf, dass die beiden Striche in der Handschriftversion nicht symmetrisch sind, d. h. der linke beginnt höher als der rechte.

15

KONSONANTEN

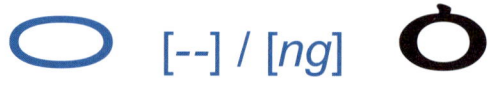 [--] / [ng]   1 Strich

🎵 • o am Silbenanfang ist der Platzhalter für einen Vokal, sofern dieser ausgesprochen wird.
 • Im Silbenauslaut entspricht o dem deutschen Laut [ng] (wie z. B. in Di**ng**).

✏ • o besteht aus nur einem Strich, je nach Schriftart mit oder ohne das Häkchen oben.

KONSONANTEN

ㅈ / ス [dʃ] / [tʃ] / [t]   ㅈ / ス

3/2 Striche

♪
- Die Lautschrift von ㅈ ist [dʃ], jedoch liegt seine Aussprache zwischen [dʃ] und [tʃ].
- Steht ㅈ vor dem Vokal ㅣ [i], spricht man es wie [t].
- Am Silbenende spricht ㅈ sich wie ein leicht angedeutetes [t], es sei denn, ㅈ geht eine Lautverbindung mit einem nachfolgenden Vokal ein.

✎
- In der Schreibschriftform kann es aus drei (ㅈ) oder zwei Strichen (ス) bestehen.

KONSONANTEN

ㅊ / ㅌ [tʃ] / [t]   ㅊ / ㅌ   4/3 Striche

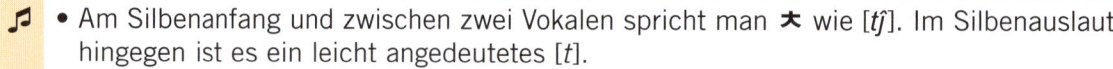
- Am Silbenanfang und zwischen zwei Vokalen spricht man ㅌ wie [tʃ]. Im Silbenauslaut hingegen ist es ein leicht angedeutetes [t].

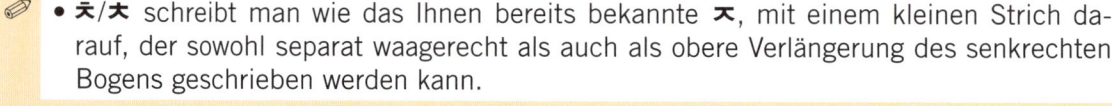
- ㅊ/ㅌ schreibt man wie das Ihnen bereits bekannte ㅈ, mit einem kleinen Strich darauf, der sowohl separat waagerecht als auch als obere Verlängerung des senkrechten Bogens geschrieben werden kann.

KONSONANTEN

ㅋ (ㅋ) [kʰ] / [k]   ㅋ (ㅋ)   2 Striche

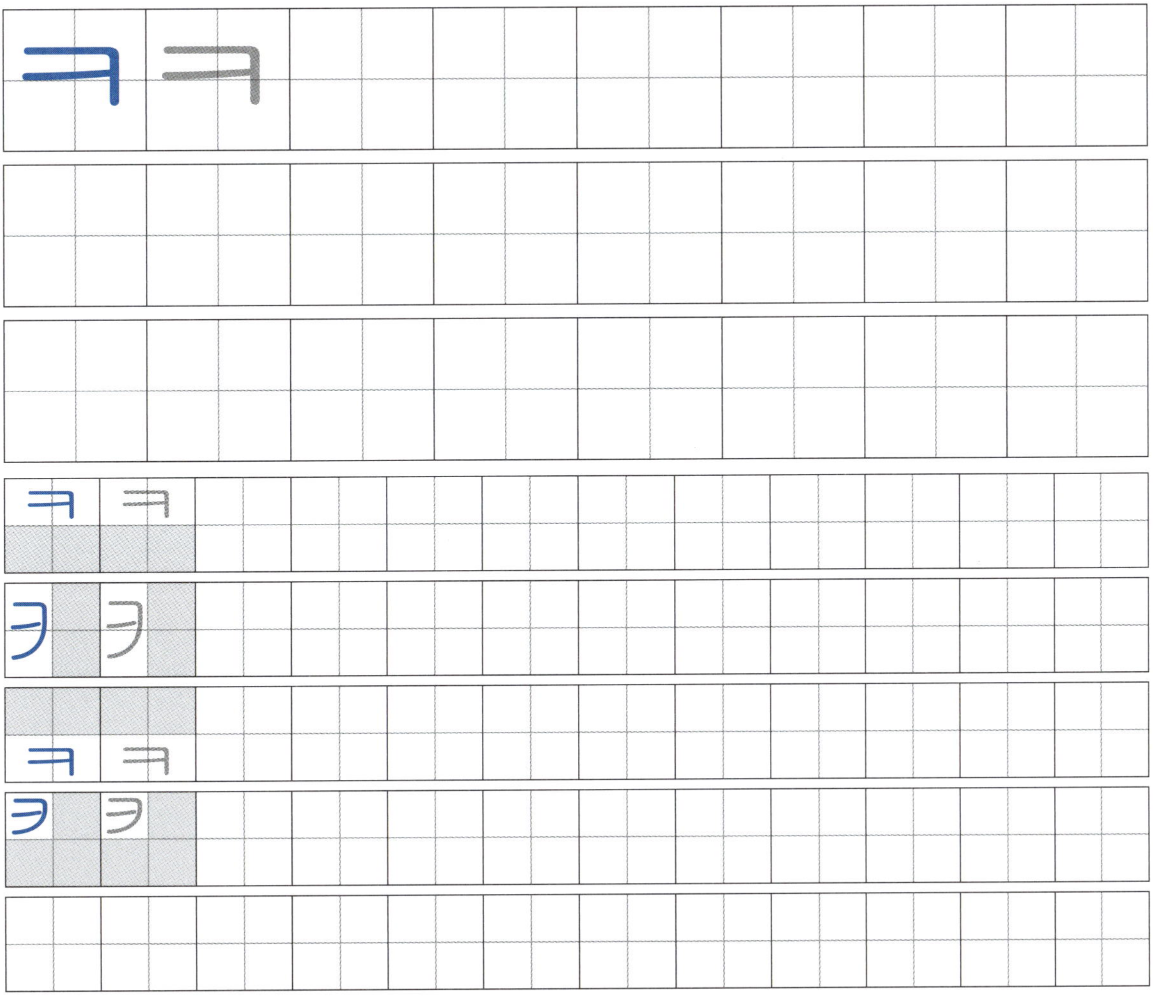

- Im Silbenanlaut spricht man ㅋ wie ein aspiriertes [kʰ], wie im deutschen Wort „**K**ind".
- Steht ㅋ am Silbenende, wird es wie ein [k] wiedergegeben.

- ㅋ ähnelt einem spiegelverkehrten F und besteht aus zwei Strichen. Vor einem vertikal geschriebenen Vokal wird der senkrechte Strich leicht schräg nach links gezogen.

KONSONANTEN

 [tʰ] / [t]   3 Striche

- Steht ᴇ am Silbenanfang oder zwischen zwei Vokalen, ist es ein aspiriertes [tʰ] wie im deutschen Wort "**T**eil".
- Befindet es sich hingegen am Silbenende, spricht es sich wie [t].

- ᴇ ähnelt unserem E, jedoch ist die Strichfolge anders: Man schreibt zunächst die beiden oberen waagerechten Linien, dann folgt der Haken wie beim ㄴ.

20

KONSONANTEN

ㅍ [pʰ] / [p] ㅍ

4 Striche

- 🎵 • Am Silbenanfang und zwischen Vokalen klingt ㅍ wie ein aspiriertes [pʰ], wie im deutschen Wort "**P**inie".

- ✏️ • ㅍ schreibt man in vier Strichen: Zunächst die obere waagerechte Linie, dann die beiden senkrechten Striche und schließlich die untere waagerechte Linie.

  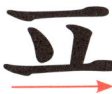

KONSONANTEN

ㅎ / ㅎ [h] / [t] ㅎ / ㅎ   3 Striche

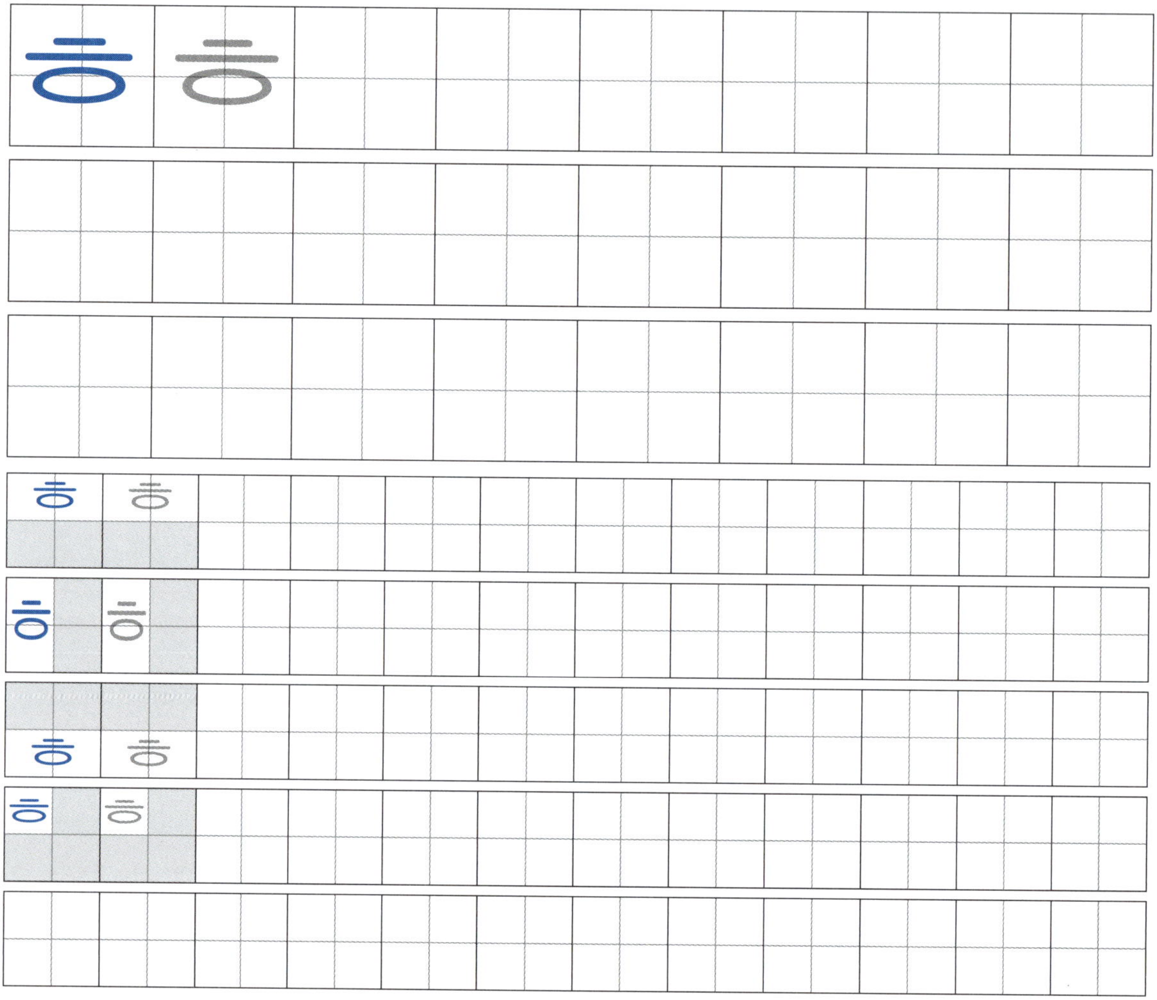

- Steht ㅎ am Silbenanfang oder zwischen zwei Vokalen, ist seine Aussprache [h].
- Im Silbenauslaut spricht man es wie ein leicht angedeutetes [t] aus.
- Folgen ㄱ [g/k], ㄷ [d/t] oder ㅈ [dʒ], werden diese jeweils [kʰ], [tʰ] bzw. [tʃ] gesprochen.

- ㅎ schreibt man in drei Strichen. Die kurze oberste Linie kann sowohl waagerecht als auch senkrecht sein.

KONSONANTEN

ㄹㄹ (ㄲ) [kk] / [k]   ㄷㄷ (ㄸ)   2 Striche

- Die Aussprache von ㄸ ist ein hartes [k]. Im Silbenanlaut oder zwischen zwei Vokalen spricht man es [kk] wie im deutschen Wort "ticken".
- Steht es am Silbenende, neigt dieser Laut zu einem leicht angedeuteten [k], es sei denn, ㄸ geht eine Lautverbindung mit einem nachfolgenden Vokal ein.

- Vor einem vertikalen Vokal verlaufen die senkrechten Striche leicht schräg nach links.

KONSONANTEN

ㄸ [tt]    4 Striche

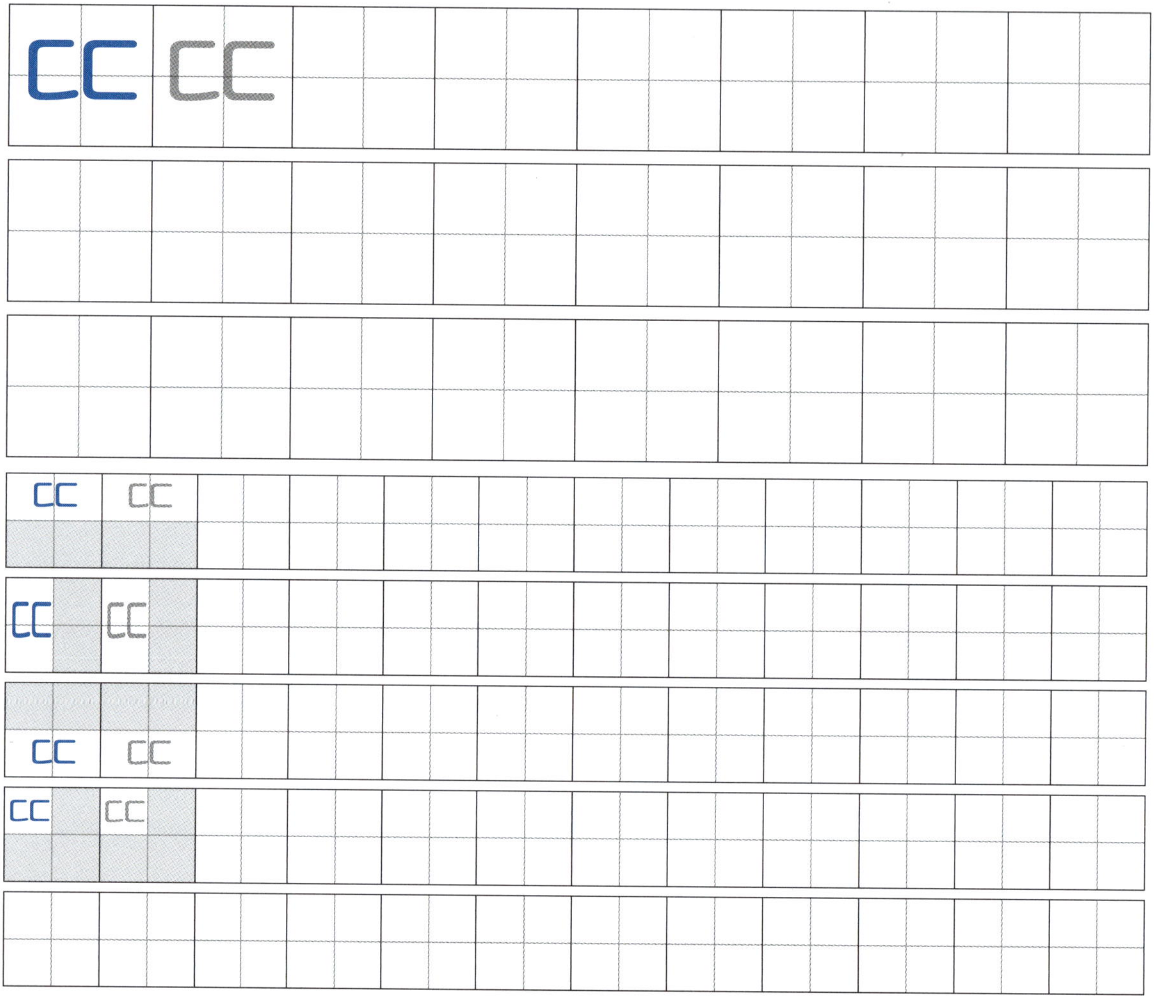

- ㄸ wird immer, auch in der Endposition, [tt] gesprochen, also wie ein hartes **t**, da es sich um die Doppelversion von ㄷ [d] handelt, z. B. im Wort "adre**tt**".
- Den Konsonanten ㄸ schreibt man wie zwei nebeneinanderstehende ㄷ, also in vier Strichen.

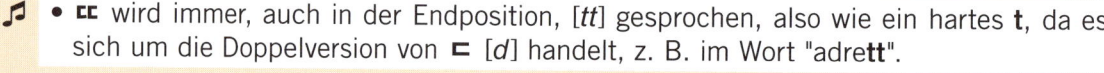

KONSONANTEN

ㅃ [pp] ㅃ 8 Striche

- 🎵 • Diesen Doppelkonsonanten spricht man immer, auch in der Endposition, wie [pp] aus, also wie ein hartes **p**, ähnlich wie in "Ca**pp**uccino".
- ✏ • ㅃ besteht aus acht Strichen, doppelt so viele wie seine einfache Entsprechung ㅂ.

KONSONANTEN

ㅆ [ßß] / [sch] / [t]   4 Striche

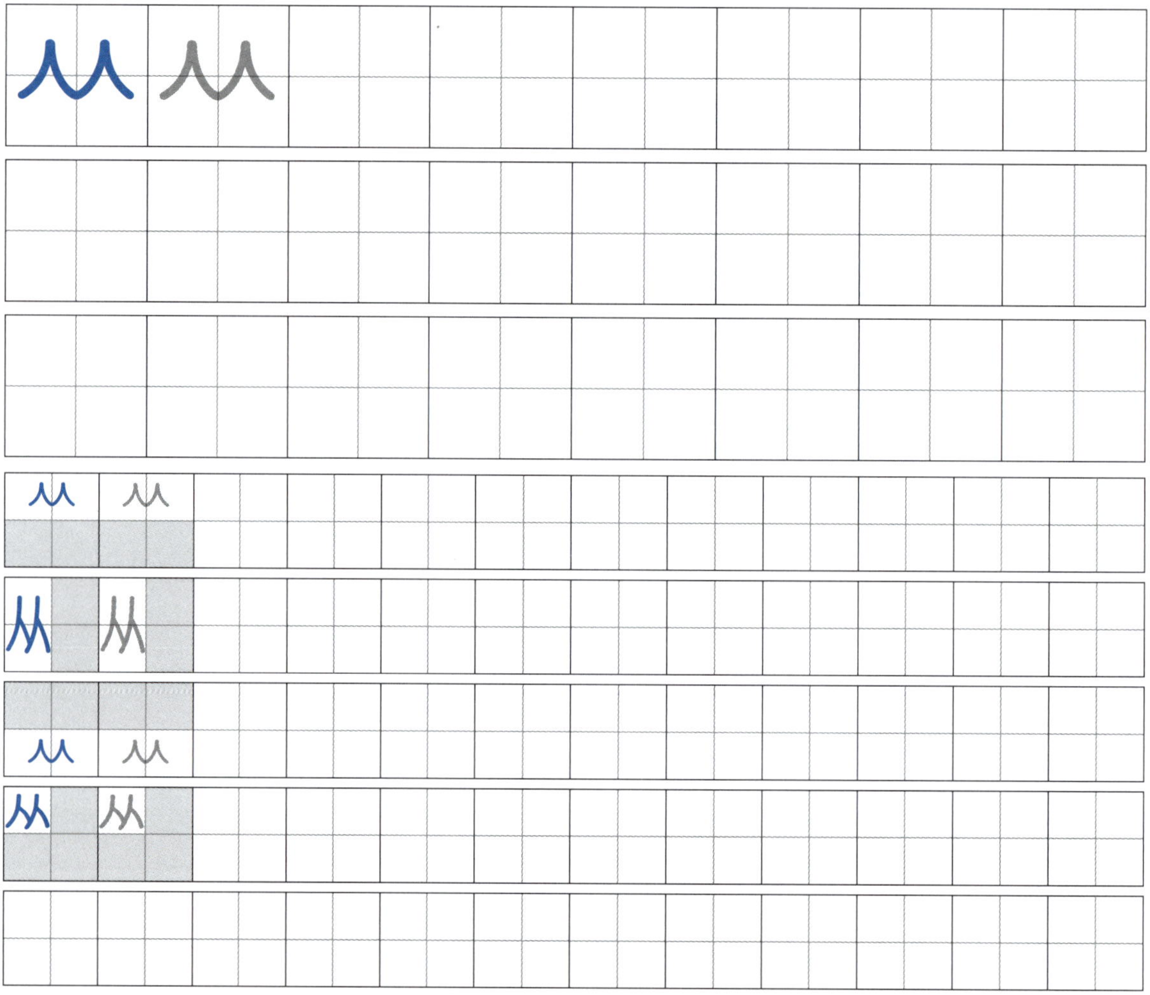

- Die Aussprache von ㅆ im Silbenanlaut und zwischen zwei Vokalen ist ein hartes, stimmloses [ßß] wie im Wort "Ka**ss**ette".
- Steht es vor ㅣ [i] bzw. Halbvokalen mit [j-], wird ㅆ zu [sch].
- Im Silbenauslaut entspricht seine Aussprache einem leicht angedeuteten [t].
- Diesen Doppelkonsonanten schreibt man wie zwei ㅅ, d. h. in vier Strichen.

KONSONANTEN

ㅉ / ㅈㅈ [ddʝ] / [tʃ]   ㅉ / ㅈㅈ   6/4 Striche

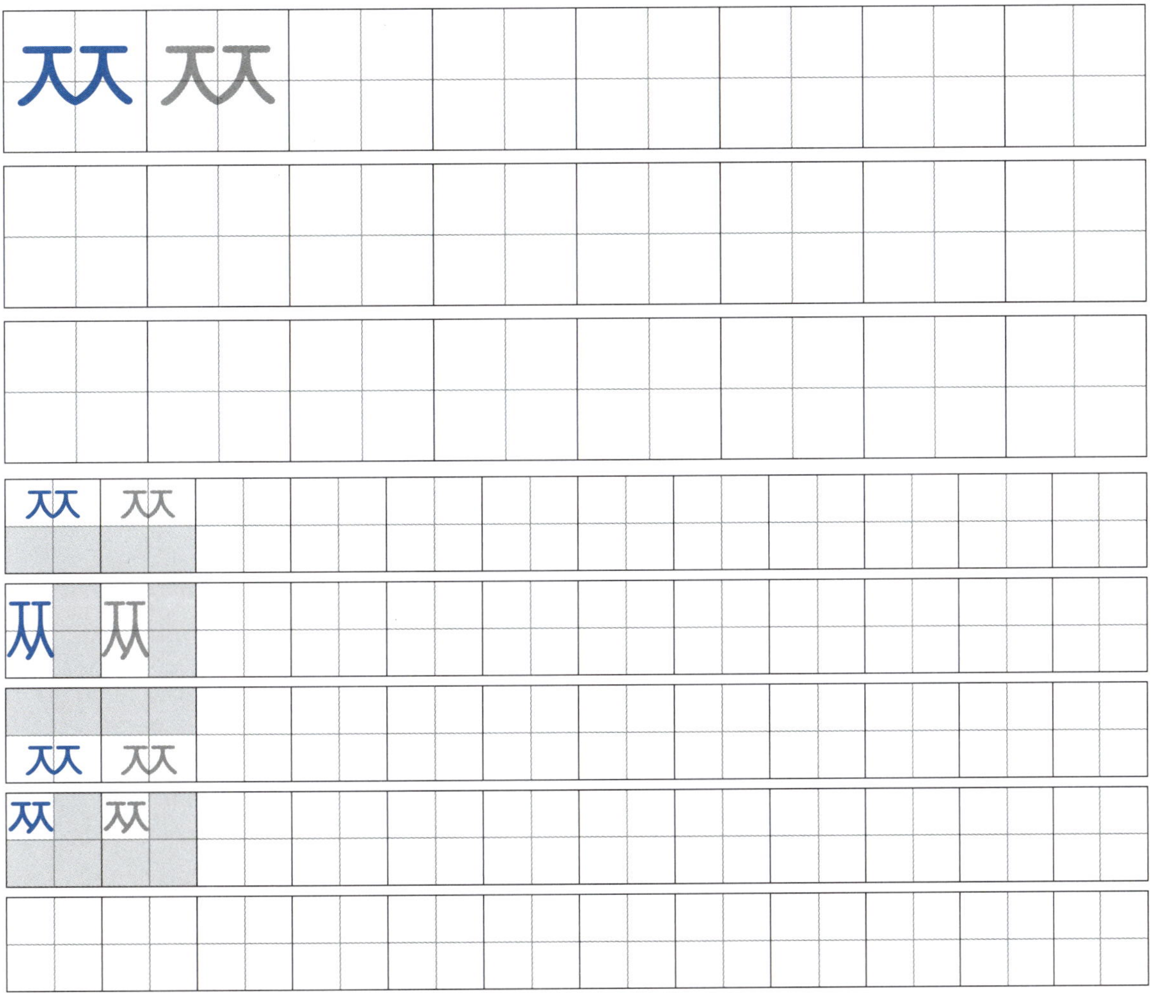

🎵
- Die Aussprache von ㅉ entspricht grob der des Anlauts von "**Dsch**ungel".
- Achten Sie darauf, dass manche Sprecher den Konsonanten ㅉ, wenn er im Silbenauslaut steht, auch als [tʃ] wiedergeben.

✏️
- Dieser Doppelkonsonant, der die verdoppelte Version von ㅈ darstellt (s. S. 17), besteht je nach Schreibweise aus insgesamt sechs bzw. vier Strichen.

Vokale

Inhalt dieses Kapitels und Hinweise zur Verwendung

Dieses zweite Kapitel beschäftigt sich mit den Vokalen des Hangeul. Im Gegensatz zu den Konsonanten behalten Vokale grundsätzlich ihre Grundform bei, gleich, in welcher Position innerhalb einer Silbe sie stehen. Wichtig beim Schreiben ist die Position des Vokals innerhalb der Silbe: Vertikal geschriebene Vokale stehen stets rechts vom vorangehenden Konsonanten, horizontal geschriebene Vokale stehen unter dem vorangehenden Konsonanten.

Anders als im Deutschen kann ein Vokal nur mitten in einer Silbe oder am Ende einer Silbe auftauchen (vgl. Abbildung Seite 5 unten).

Die Gestaltung der Seiten

1. Die Überschrift

Ganz oben werden die Druckschriftversion, die Lautschrift, die Handschriftvariante und die Strichanzahl des Vokals angegeben.

2. Die Kästchenreihen

In die oberen drei Kästchenreihen schreiben Sie den jeweiligen Vokal in Quadrate von jeweils vier Kästchen. Halten Sie dabei die ganz unten auf der Seite gezeigte Strichfolge und Strichrichtung ein.

Wie die Konsonanten können auch die Vokale an unterschiedlichen Stellen innerhalb einer Silbe auftauchen. Dies ist in den zwei nachfolgenden Kästchenreihen dargestellt, wo Ihnen erneut Platz zur Verfügung steht, um das Schreiben dieser Vokale an der jeweiligen Position zu üben.

3. Zusätzliche Hinweise

In dem beigefarbenen Kasten unten auf jeder Seite finden Sie darüber hinaus nützliche Hinweise zur Aussprache des jeweiligen Vokals sowie hilfreiche Schreibtipps, die Sie dabei unterstützen, ein authentisches Schriftbild zu entwickeln.

VOKALE

ㅏ [a] ㅏ

2 Striche

 • Man spricht ㅏ wie das deutsche [a] aus.

• ㅏ steht immer rechts vom Konsonanten.
• ㅏ besteht aus zwei Strichen. Man schreibt zunächst eine senkrechte Linie wie beim ㅣ [i] und dann einen kurzen waagrechten Strich in der Mitte.

29

VOKALE

ㅑ [ja] ㅑ 3 Striche

- ㅑ wird [ja] ausgesprochen.
- Es ist die Zusammensetzung aus dem Halbvokal [j] und dem Vokal [a].

- Innerhalb einer Silbe befindet sich der Vokal immer rechts vom Konsonanten.
- ㅑ wird in drei Strichen geschrieben.

VOKALE

ㅓ [O] ㅓ

2 Striche

- ㅓ entspricht einem offenen **o**, in der Lautschrift durch [O] dargestellt, wie im deutschen "Schl**o**ss".
- Dieser Vokal steht immer rechts vom Konsonanten.
- Wie seine spiegelverkehrte Version ㅏ [a] wird ㅓ in zwei Strichen geschrieben.

31

VOKALE

ㅕ [jO] ㅕ

3 Striche

- Die Aussprache von ㅕ ist [jO], mit einem offenen **o** wie im deutschen Wort "**Jo**chen". Es ist die Zusammensetzung aus dem Halbvokal [j] und dem Vokal [O].
- Innerhalb einer Silbe befindet sich ㅕ rechts vom Konsonanten.
- Ähnlich wie bei ㅑ [ja] schreibt man ㅕ in drei Strichen.

VOKALE

 [o] 2 Striche

- Diesen Vokal spricht man wie ein geschlossenes **o**, z. B. wie in "T**o**r".
- Der Vokal ㅗ steht immer unter dem Konsonanten.
- Man schreibt ㅗ in zwei Strichen: Zuerst einen kurzen senkrechten Strich, dann die waagerechte Linie.

VOKALE

 [jo] 3 Striche

🎵 • Dieser Buchstabe spricht sich [jo], mit einem geschlossenen **o** wie im Wort "**Yo**ga". Es ist die Zusammensetzung aus dem Halbvokal [j] und dem Vokal [o].

✏ • In einer Silbe befindet sich der Buchstabe unterhalb des ersten Konsonanten.
• Man schreibt ihn in drei Strichen: zuerst zwei kurze senkrechte Striche, dann eine waagerechte Linie.

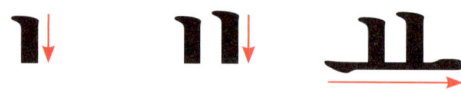

34

VOKALE

ㅜ [u] ㅜ   2 Striche

- Dieser Buchstabe entspricht dem Laut [u].
- ㅜ steht immer unter dem ersten Konsonanten einer Silbe.
- Der Vokal besteht aus zwei Strichen: Zuerst eine lange, waagerechte Linie, darunter eine senkrechte Linie.

VOKALE

ㅠ [ju] ㅠ 3 Striche

- ㅠ stellt den Laut [ju] dar, wie Sie ihn im Deutschen z. B. in "**Ju**ni" finden. Es ist die Zusammensetzung aus dem Halbvokal [j] und dem Vokal [u].
- ㅠ steht immer unter dem ersten Konsonanten einer Silbe.
- Ebenso wie das spiegelverkehrte ㅠ schreibt man auch ㅠ in drei Strichen.

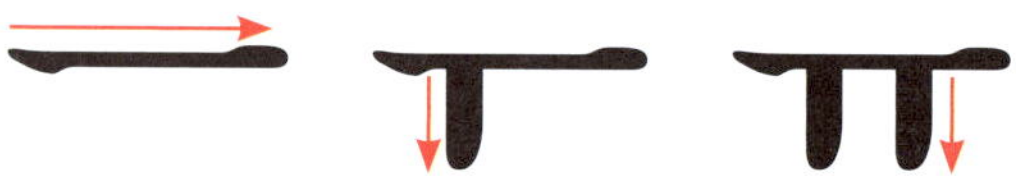

36

VOKALE

[ɪ]   1 Strich

- In der Lautschrift wird — mit [ɪ], also einem **i** ohne Punkt, transkribiert.
- Im Deutschen findet man keinen vergleichbaren Laut. Sprechen Sie den Laut wie das [e] z. B. in "rätseln" oder "rasseln", aber mit etwas gespreizten Lippen.

- Innerhalb einer Silbe befindet sich — unter dem ersten Konsonanten.
- Man schreibt es mit einem langen, waagerechten Strich.

VOKALE

[i]   1 Strich

- Dank seiner Form können Sie sich die Aussprache von ㅣ bestimmt gut merken: Man spricht es wie ein [i] aus.
- Dieser Vokal steht innerhalb einer Silbe immer rechts vom Konsonanten.
- Der Buchstabe wird mit einem senkrechten Strich geschrieben.

VOKALE

 3 Striche

♪ • H entspricht dem deutschen Vokal [ä].

✎ • Dieser Buchstabe steht immer rechts vom Konsonanten.
• Mein schreibt H in drei Strichen: die ersten beiden nach dem Muster von und den dritten als senkrechte Linie rechts.

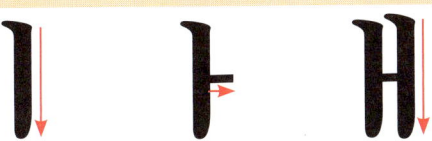

VOKALE

H [jä] H

4 Striche

♪ • Dieser Buchstabe spricht sich [jä]. Er ist die Zusammensetzung aus dem Halbvokal [j] und dem Vokal [ä].

✎ • H befindet sich immer rechts vom Konsonanten.
• H wird in vier Strichen geschrieben: die ersten drei wie im Buchstaben Ϝ, dann folgt eine senkrechte Linie rechts.

VOKALE

3 Striche

- Diesen Vokal spricht man [e] aus.
- ㅔ befindet sich immer rechts vom Konsonanten.
- ㅔ besteht aus vier Strichen; es ist die grafische Zusammensetzung aus ㅓ und ㅣ.

VOKALE

4 Striche

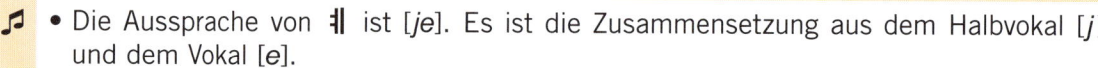

 • Die Aussprache von ㅖ ist [*je*]. Es ist die Zusammensetzung aus dem Halbvokal [*j*] und dem Vokal [*e*].

• ㅖ wird innerhalb einer Silbe immer rechts vom Konsonanten geschrieben.
• Grafisch setzt sich der Buchstabe aus ㅕ und ㅣ zusammen. Daher schreibt man ㅖ in vier Strichen.

VOKALE

나 [wa] 과

4 Striche

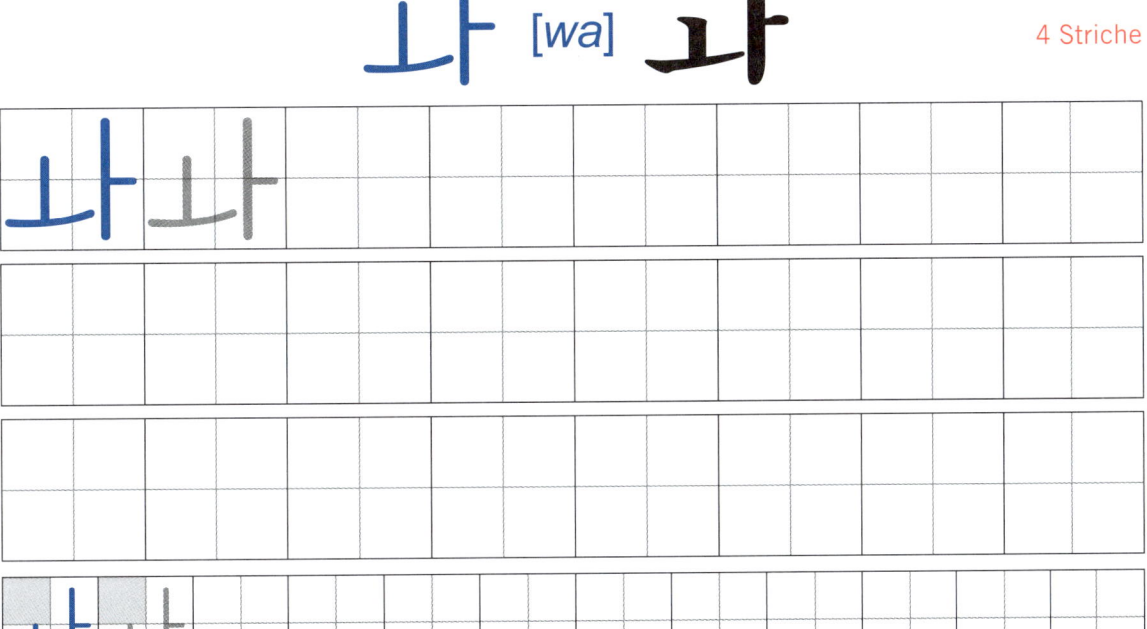

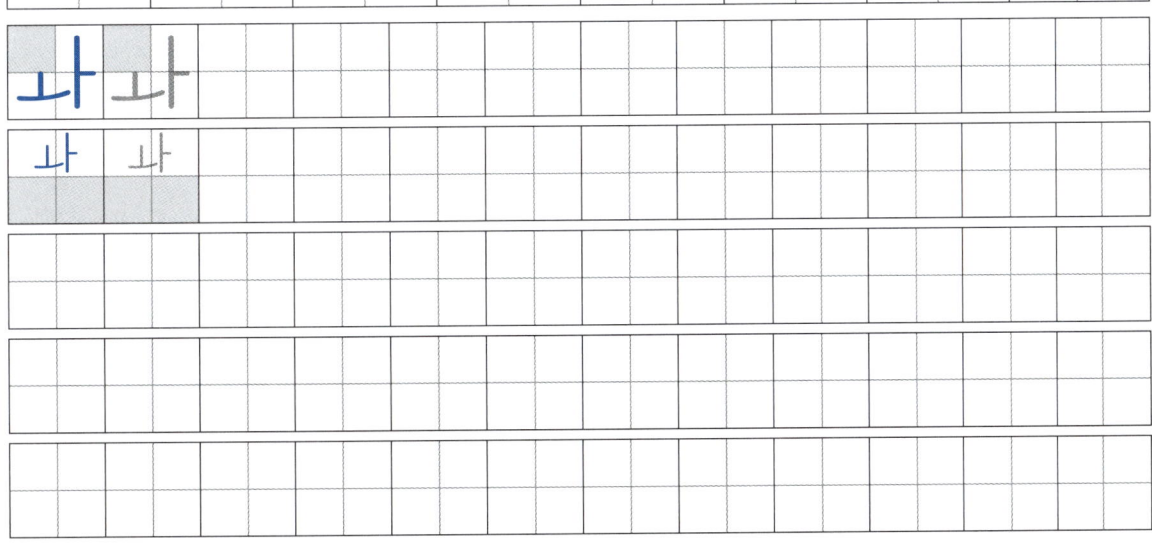

- Die Abfolge aus Halbvokal [w] und Vokal [a] wird zwischen [ua] und [wa] gesprochen.
- In einer Silbe schreibt man den ersten Konsonanten in die Ecke oben links, so als würde der Vokal 나 den Konsonanten einkreisen, z. B. 솨, 과 usw. Dies haben alle Kombinationen aus Halbvokal und Vokal gemeinsam.
- Da es sich um die Kombination aus ㅗ und ㅏ handelt, schreibt man 나 in vier Strichen.

VOKALE

5 Striche

♪ • Die Kombination aus dem Halbvokal [w] und dem Vokal [ä] wird zwischen [uä] und [wä] ausgesprochen.

✎ • Bei ㅙ schreibt man den ersten Konsonanten der Silbe in die Ecke oben links. Beispiel: 왜.
• Man schreibt ㅙ in fünf Strichen auf der Basis von ㅗ und ㅐ.

VOKALE

ㅚ [we] ㅚ

3 Striche

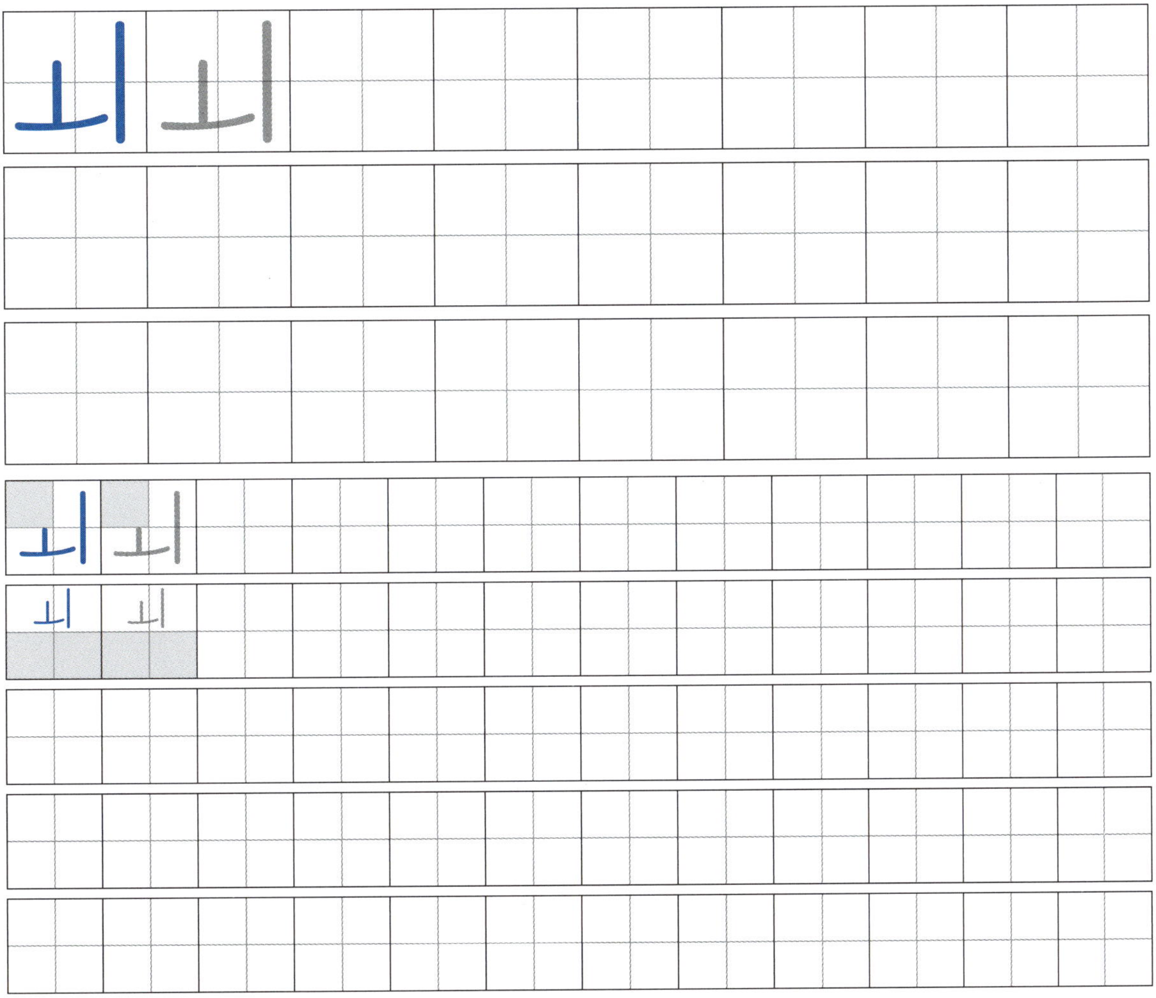

- Die Kombination aus dem Halbvokal [w] und dem Vokal [e] wird zwischen [ue] und [we] ausgesprochen.

- Innerhalb einer Silbe mit ㅚ steht der erste Konsonant ebenso wie bei den Ihnen bereits bekannten Buchstaben ㅘ [wa] und ㅙ [wä] in der Ecke oben links. Beispiel: 외.
- Als Zusammensetzung von ㅗ und ㅣ schreibt man ㅚ in drei Strichen.

VOKALE

ㅝ [wO]   ㅝ

4 Striche

- Die Kombination aus dem Halbvokal [w] und dem Vokal [O] wird zwischen [uO] und [wO] ausgesprochen.
- ㅝ kreist den ersten Konsonanten der Silbe ein. Beispiel: 뒈.
- ㅝ besteht aus vier Strichen. Man schreibt es wie die Buchstaben ㅜ [u] und ㅓ [O].

VOKALE

ㅞ [we] ㅞ

5 Striche

- Die Kombination aus dem Halbvokal [w] und dem Vokal [e] wird zwischen [ue] und [we] ausgesprochen.
- Bei einer Kombination aus Konsonant plus ㅞ steht der Konsonant oben links. Beispiel: 붸.
- Da ㅞ die grafische Zusammensetzung aus ㅜ und ㅔ ist, schreibt man ㅞ in fünf Strichen.

VOKALE

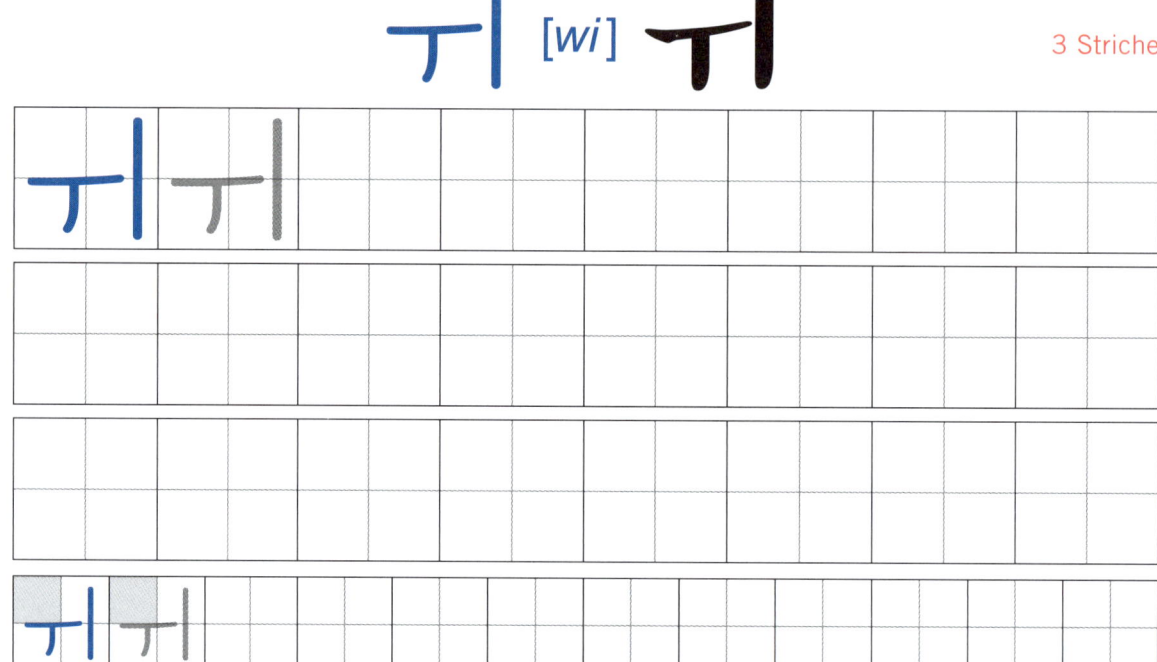

3 Striche

- Die Kombination aus dem Halbvokal [w] und dem Vokal [i] wird zwischen [ui] und [wi] ausgesprochen.
- Den ersten Konsonanten der Silbe schreibt man in die Ecke oben links. Beispiel: 위.
- ㅟ schreibt man in drei Strichen, auf der Basis der beiden Vokale ㅜ und ㅣ.

VOKALE

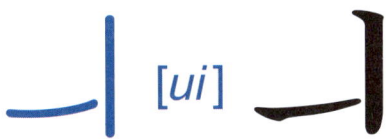

2 Striche

♪ • ㅢ stellt einen Sonderfall dar: Es besteht aus dem Vokal ㅡ [ɨ] und dem weiteren Vokal ㅣ [i]. Dieser Diphthong wird im Anlaut zwischen [üi] und [ɨi] artikuliert, an anderen Positionen als [i] und als Genitiv- bzw. Possessivendung als [e].

✎ • Innerhalb einer Silbe steht der Anfangskonsonant oben links. Beispiel: 릐.
• Als Kombination aus ㅡ und ㅣ besteht dieser Buchstabe aus zwei Strichen.

Buchstabenkombinationen

Einsilbige und mehrsilbige Wörter
Inhalt dieses Kapitels und Hinweise zur Verwendung

Silben stellen die Grundbausteine der koreanischen Wörter dar. Während deutsche Wörter aus aufeinanderfolgenden Buchstaben bestehen, setzen sich koreanische Wörter aus einer oder mehreren Silben zusammen.

Typisch für koreanische Silben ist die Quadratform. In diesem Quadrat befinden sich in einem ausgewogenen proportionalen Verhältnis die Bestandteile, also die Buchstaben, aus denen die Silbe besteht. Es gibt Silben, bei denen die Buchstaben übereinander angeordnet sind und andere, bei denen sie nebeneinander stehen. Es ist beim Schreiben sehr wichtig, auf das korrekte Größenverhältnis zwischen den einzelnen Buchstaben zu achten: Das ist auch der Grund, warum manche Buchstaben je nach Position innerhalb der Silbe ihre Grundform variieren.

Sie haben diese Variationen bei den Buchstabenformen auf den bisherigen Seiten bereits kennengelernt. Wichtig zu wissen ist, dass der Aufbau der Buchstaben in einer Silbe immer einer festgelegten Logik folgt (s. a. Seite 5). Das Schreiben der Silben ist daher, wenn man einmal das Grundprinzip verstanden hat, reine Übungssache, und Sie werden sehr schnell "den Bogen raushaben".

In diesem Kapitel lernen Sie nun, einzelne Buchstaben zu kombinieren, um Ihre ersten kompletten Silben bzw. Wörter auf Koreanisch zu schreiben.

Die Gestaltung der Seiten

1. Die Überschrift

Ganz oben wird das jeweilige Wort mit der Druckschriftversion, der Lautschrift und der deutschen Übersetzung angegeben, außerdem die Gesamtanzahl der Striche.

2. Die Kästchenreihen

In die oberen drei Kästchenreihen schreiben Sie das Wort in Quadrate von jeweils vier Kästchen. Halten Sie dabei die unten auf der Seite beschriebene Strichfolge ein. Anschließend üben Sie, das Wort in die nachfolgenden kleineren Kästchenreihen zu schreiben. Versuchen Sie, auch hier die korrekten Proportionen einzuhalten und die einzelnen Striche sauber und gut erkennbar auszuführen.

Ab Seite 66 lernen Sie, mehrsilbige Wörter zu schreiben. Hier stehen Ihnen weniger Kästchenreihen als bei den einsilbigen Wörtern zur Verfügung. Nehmen Sie bei Bedarf für weitere Übungen ein kariertes Heft zur Hand.

BUCHSTABENKOMBINATIONEN BEI EINZELSILBEN

 [ßo] "Rind"   4 Striche

 • Beginnen wir mit einem einfachen Wort: 소. Achten Sie darauf, dass ㅅ und ㅗ ungefähr gleich groß sind. Vergessen Sie nicht, dass die Silbe in ein Quadrat passen soll. Beginnen Sie mit dem oberen Teil; dann folgt der untere.

BUCHSTABENKOMBINATIONEN BEI EINZELSILBEN

나 [na] "ich" 3 Striche

 • Steht ㄴ links von einem senkrechten Vokal, schreibt man den Haken nach rechts mit einer leichten Beugung nach oben. Bei dieser Silbe schreibt man zuerst den linken, dann den rechten Teil.

BUCHSTABENKOMBINATIONEN BEI EINZELSILBEN

 [djŵi] "Ratte" 5 oder 6 Striche

쥐쥐

 • Beachten Sie hier die Anordnung aus dem Konsonant ㅈ (ㅈ) und der Kombination aus Halbvokal und Vokal ㅟ: Der Konsonant ㅈ (ㅈ) steht oben links und wird kleiner geschrieben als ㅟ. Außerdem schreibt man ㅜ leicht schräg.

BUCHSTABENKOMBINATIONEN BEI EINZELSILBEN

 [ßä] "Vogel" 5 Striche

새 새

 • Steht ㅅ links von einem senkrechten Vokal, hat es eine längliche Form.

새

BUCHSTABENKOMBINATIONEN BEI EINZELSILBEN

 [pä] "Birne; Bauch; Schiff"   7 Striche

- ㅂ wird länglich geschrieben, wenn es sich links von einem senkrechten Vokal befindet, ähnlich wie ㅅ. Zuerst schreiben Sie den linken, dann den rechten Teil.

BUCHSTABENKOMBINATIONEN BEI EINZELSILBEN

 [kä] "Hund" 4 Striche

 • Achten Sie auf die Schreibweise von ㄱ links von einem senkrechten Vokal: ㄱ erhält eine längliche Form und der senkrechte Strich wird leicht gebogen dargestellt.

개

BUCHSTABENKOMBINATIONEN BEI EINZELSILBEN

산 [ßan] "Berg"

5 Striche

 • Sie sehen, dass der letzte Konsonant eine flache Form hat. Vergleichen Sie die Formen von ㄴ in 나 und in 산: Sehen Sie den Unterschied?

산

BUCHSTABENKOMBINATIONEN BEI EINZELSILBEN

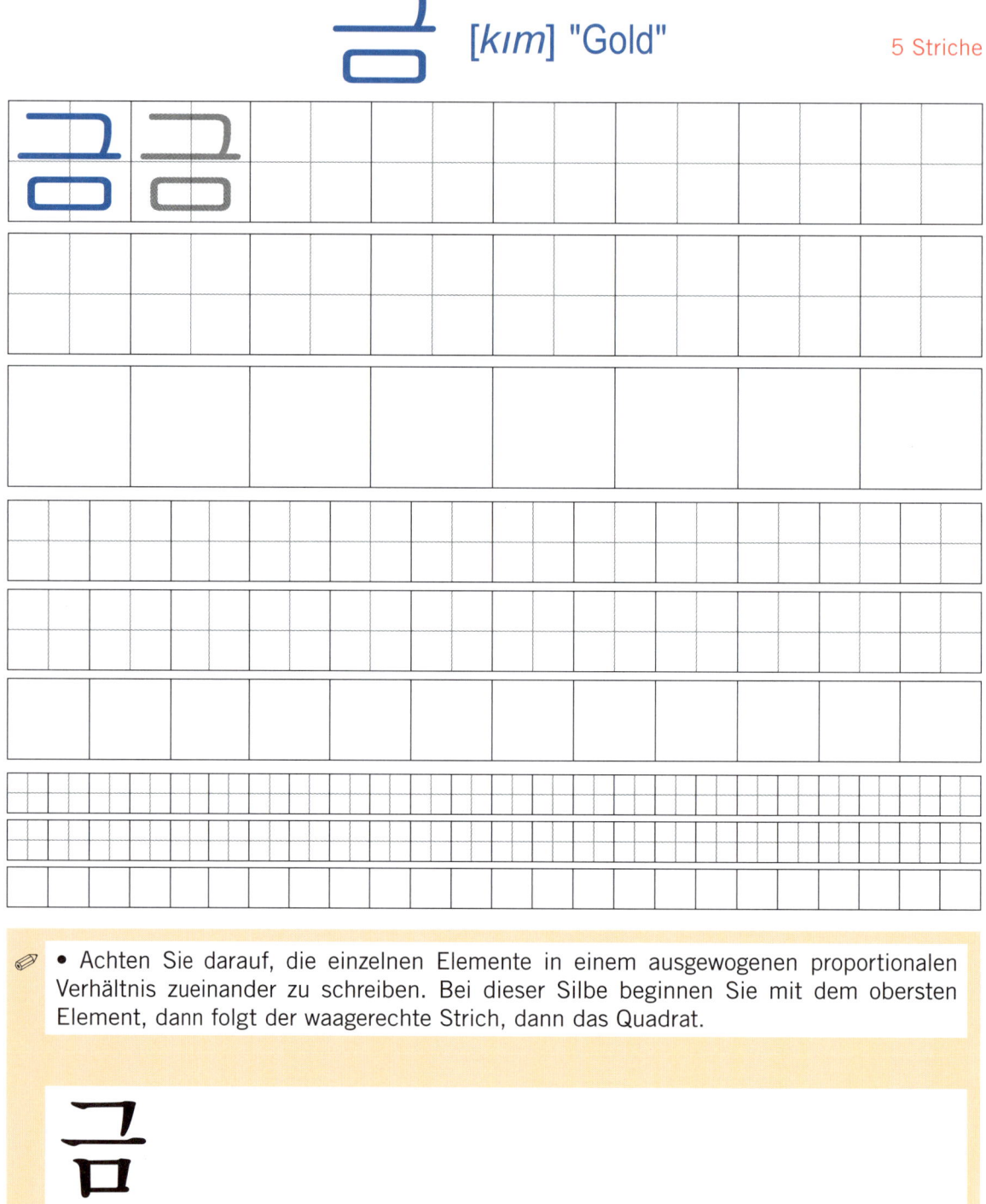

금 [kɪm] "Gold" 5 Striche

• Achten Sie darauf, die einzelnen Elemente in einem ausgewogenen proportionalen Verhältnis zueinander zu schreiben. Bei dieser Silbe beginnen Sie mit dem obersten Element, dann folgt der waagerechte Strich, dann das Quadrat.

BUCHSTABENKOMBINATIONEN BEI EINZELSILBEN

발 [*pal*] "Fuß" 9 Striche

- Vergessen Sie nicht, beim Schreiben der Silben stets die Quadratform zu berücksichtigen.

BUCHSTABENKOMBINATIONEN BEI EINZELSILBEN

팔 [pʰal] "Arm"   9 Striche

팔 팔

♪ • Beachten Sie, dass das Koreanische zwischen aspirierten und nicht aspirierten Konsonanten unterscheidet. Verwechseln Sie also **발** [pal] "Fuß" nicht mit **팔** [pʰal] "Arm".

팔

BUCHSTABENKOMBINATIONEN BEI EINZELSILBEN

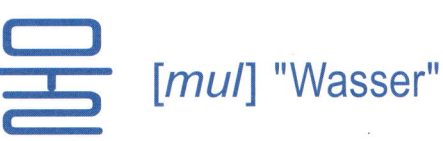 [*mul*] "Wasser" 8 Striche

- Steht ▫ über einem waagerechten Vokal, erhält es eine leicht abgeflachte Form.

BUCHSTABENKOMBINATIONEN BEI EINZELSILBEN

 [*ppang*] "Brot" 11 Striche

✏ • Achtung bei ㅃ: Dieser Buchstabe besteht aus acht Strichen. Versuchen Sie, ein ausgewogenes Größenverhältnis zwischen allen Buchstaben innerhalb der Silben einzuhalten.

BUCHSTABENKOMBINATIONEN BEI EINZELSILBEN

 [*kap*] "Preis" 9 Striche

- KVKK-Silben (Konsonant-Vokal-Konsonant-Konsonant) wirken komplexer, sie weisen aber weniger Alternativformen auf als KVK-Silben. Der erste Konsonant und der Vokal folgen denselben Schreibregeln wie KV- und KVK-Silben, während die letzten beiden Konsonanten immer ihre Grundform beibehalten.

63

BUCHSTABENKOMBINATIONEN BEI EINZELSILBEN

 [*tak*] "Huhn" 8 Striche

♫ • Bei der Konsonantenkombination ㄹㄱ [*lg*] spricht man nur das ㄱ aus, das aufgrund der Auslautverhärtung zu [*k*] wird.

✎ • Achten Sie auf die Größenverhältnisse innerhalb der Silbe: Bei KVKK-Silben sind die Buchstaben in der oberen Hälfte größer als die in der unteren Hälfte.

BUCHSTABENKOMBINATIONEN BEI EINZELSILBEN

 [nOk] "Seele"   6 Striche

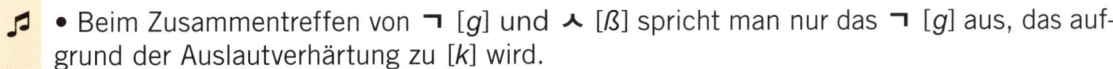
- Beim Zusammentreffen von ㄱ [g] und ㅅ [ß] spricht man nur das ㄱ [g] aus, das aufgrund der Auslautverhärtung zu [k] wird.

- Bemühen Sie sich auch bei diesem Wort, beim Schreiben der Silbe stets die Quadratform und die Proportionen zu berücksichtigen.

BUCHSTABENKOMBINATIONEN BEI MEHRSILBIGEN WÖRTERN

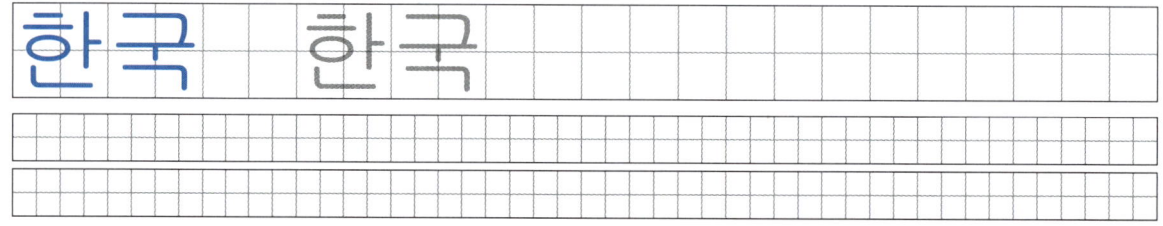

한국 [*hanguk*] "Korea"

한국 wird in Südkorea allgemein für "Korea" benutzt, Nordkoreaner nennen "Korea" 조선.

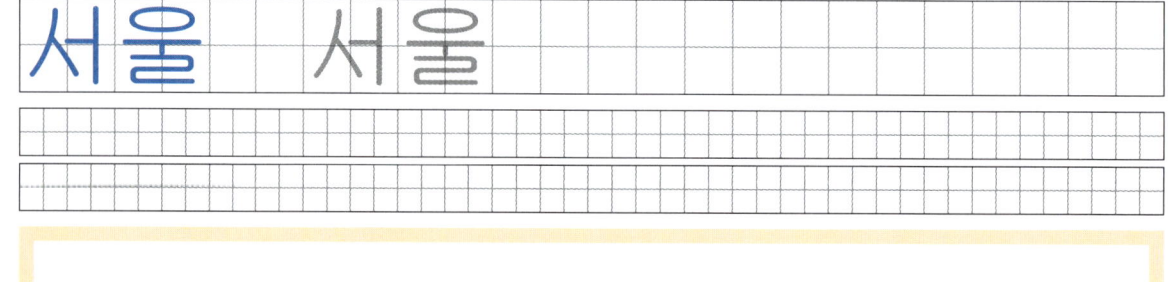

서울 [*ßOul*] "Seoul"

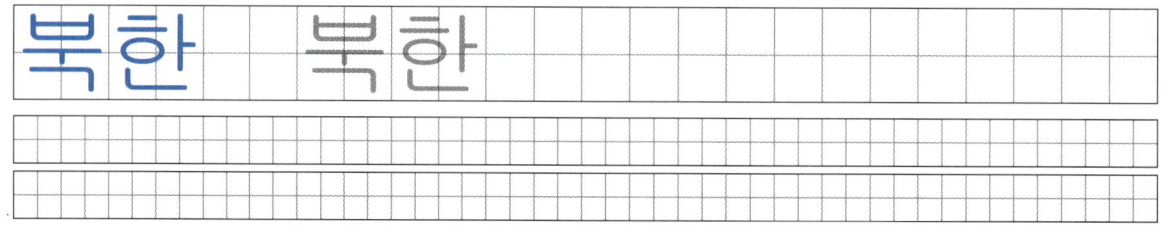

북한 [*pukhan*] "Nordkorea"

Mit 북한, wörtlich "Nord-Han", bezeichnen die Südkoreaner den Landesteil "Nordkorea".

BUCHSTABENKOMBINATIONEN BEI MEHRSILBIGEN WÖRTERN

평양 [p^hjOngjang] "Pjöngjang"

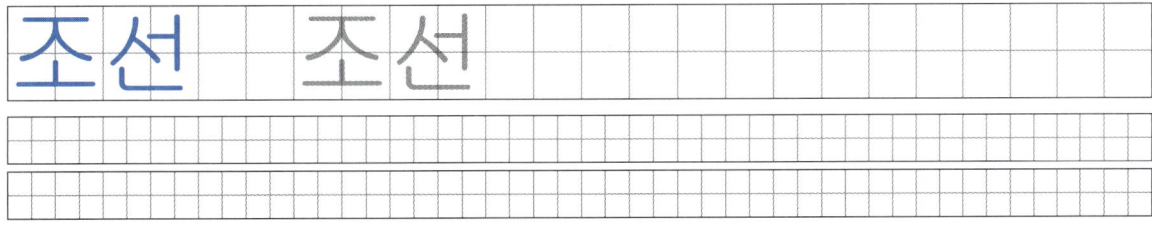

조선 [djoßOn] "Korea, koreanische Halbinsel"

조선 war von 1392 bis 1897 die allgemeine historische Bezeichnung für die koreanische Halbinsel. Die Nordkoreaner behielten sie bei, die Südkoreaner wählten 한국 [hanguk].

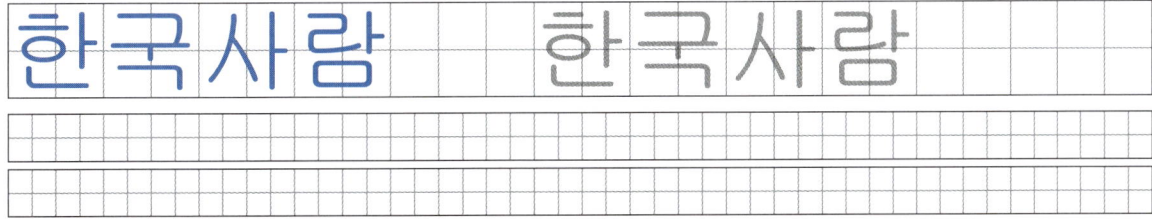

한국사람 [hanguk ßaram] "Koreaner/-in"

Wörtlich heißt **한국사람** "Korea Mensch".

67

BUCHSTABENKOMBINATIONEN BEI MEHRSILBIGEN WÖRTERN

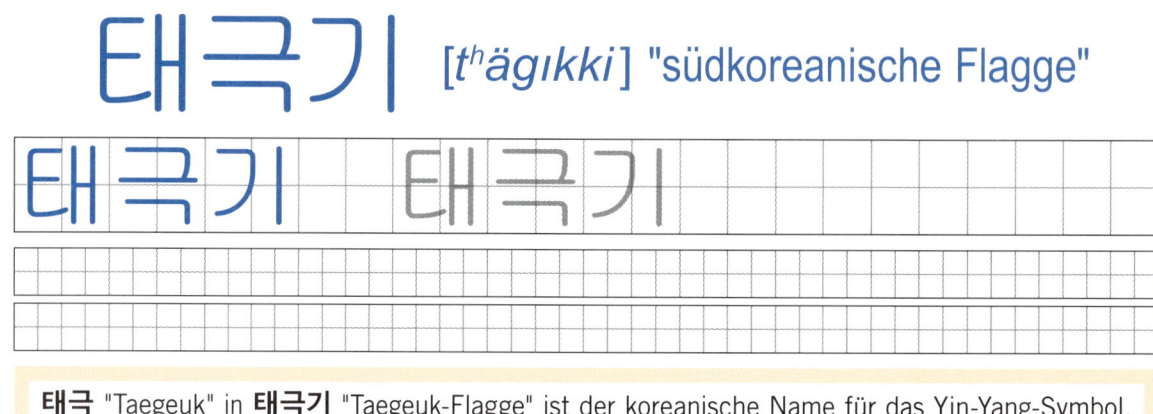

태극기 [tʰägɪkki] "südkoreanische Flagge"

태극 "Taegeuk" in 태극기 "Taegeuk-Flagge" ist der koreanische Name für das Yin-Yang-Symbol.

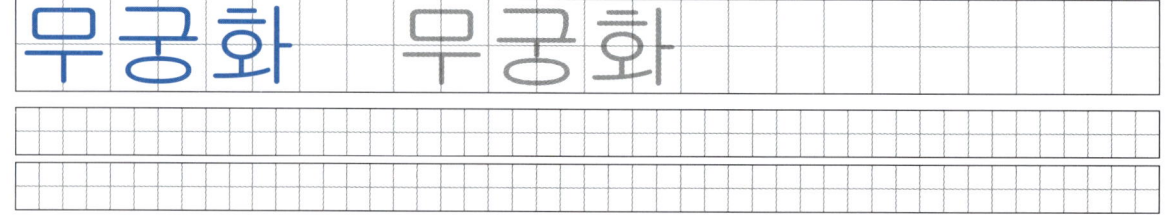

무궁화 [mugunghwa] "Hibiskusblüte"

Der Hibiskus ist die Nationalblume Koreas.

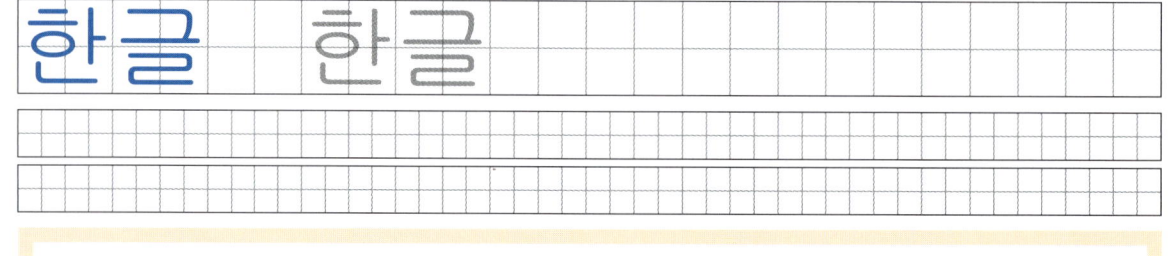

한글 [hangɪl] "Hangeul"

BUCHSTABENKOMBINATIONEN BEI MEHRSILBIGEN WÖRTERN

한국어 [*hangugO*] "koreanische Sprache"

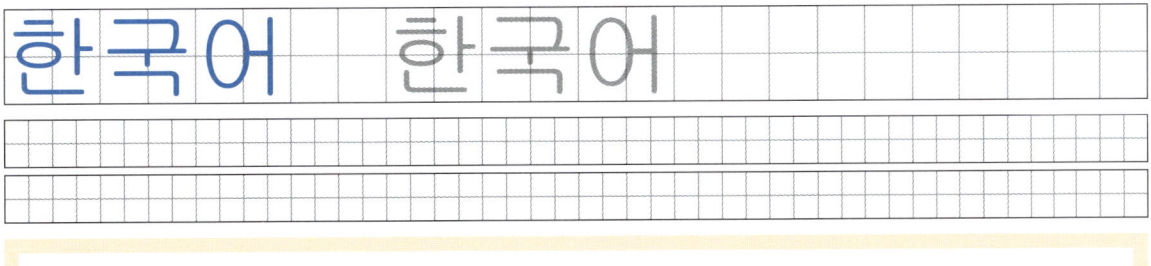

신라 [*schilla*] "Silla"

신라 ist der Name eines der Drei Reiche Koreas, das von 57 v. Chr. bis 935 bestand.

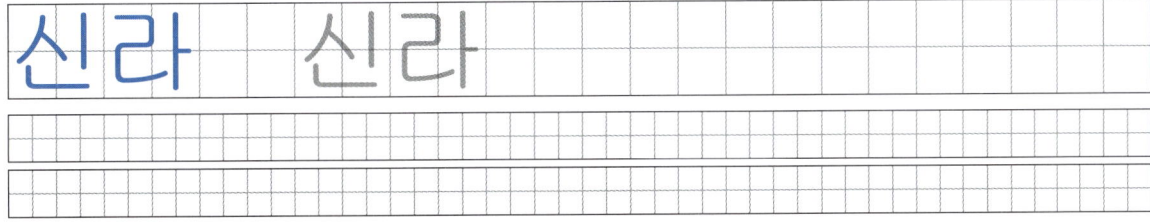

강남 [*kangnam*] "Gangnam"

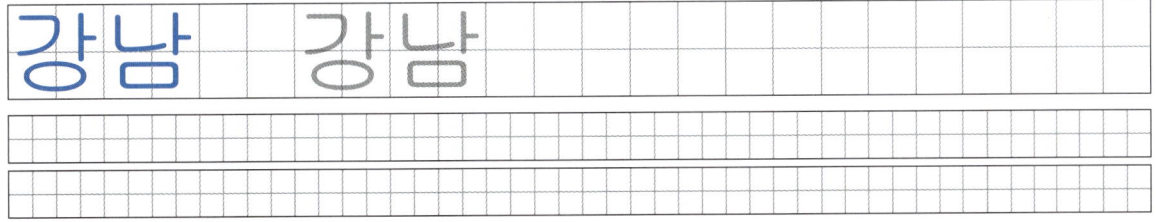

Gangnam aus 강 "Fluss" und 남 "Süden" ist einer der 25 Bezirke Seouls und bekannt aus dem Lied "Gangnam Style" des Sängers Psy aus dem Jahre 2012.

BUCHSTABENKOMBINATIONEN BEI MEHRSILBIGEN WÖRTERN

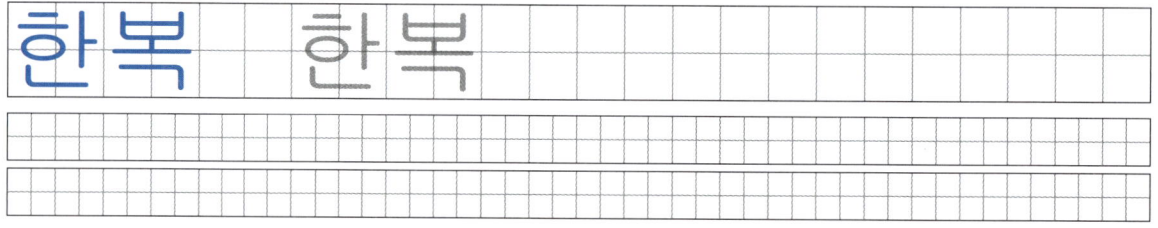

한복 [hanbok] "traditionelle Tracht"

Die "Hanbok" genannte Tracht wird vorwiegend zum koreanischen Neujahrsfest getragen.

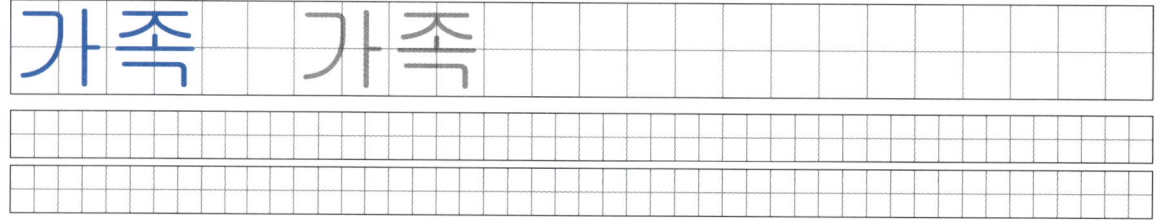

가족 [kadjok] "Familie"

In Kochrezepten bezeichnet 가족 die Anzahl der "mitessenden Familienmitglieder".

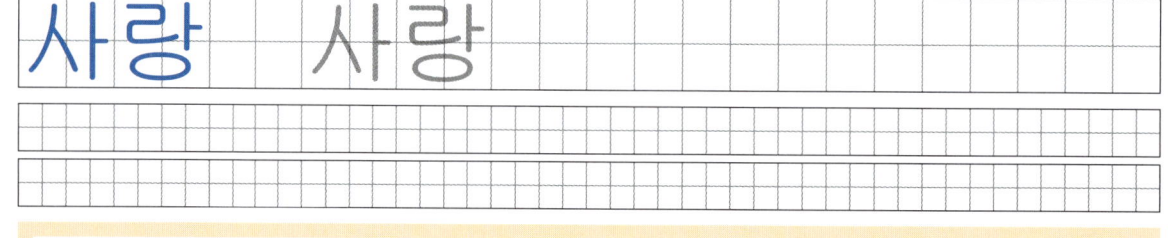

사랑 [ßarang] "Liebe"

BUCHSTABENKOMBINATIONEN BEI MEHRSILBIGEN WÖRTERN

어머니 [OmOni] "Mutter"

아버지 [abOdji] "Vater"

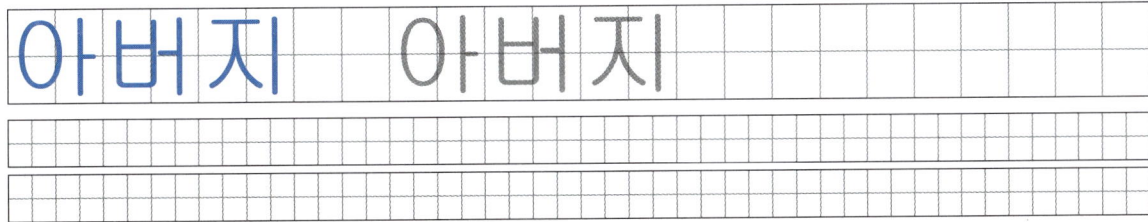

Dieses Wort steckt auch in **할아버지** / **외할아버지** "Großvater (väterlichers./mütterlichers.)".

딸 [ttal] "Tochter"

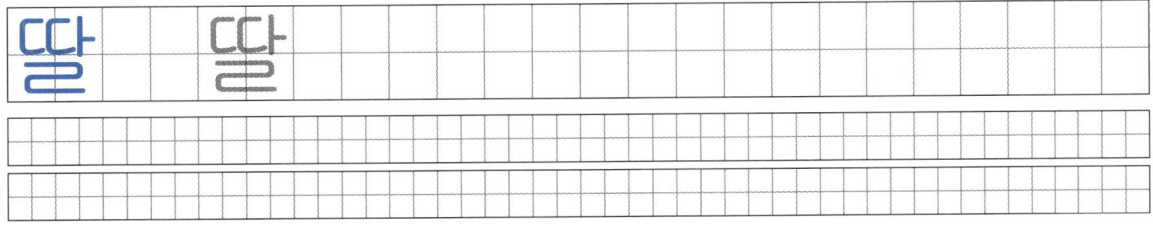

딸 [ttal] meint die eigene Tochter, das alternative **따님** [ttanim] die einer anderen Person.

BUCHSTABENKOMBINATIONEN BEI MEHRSILBIGEN WÖRTERN

아들 [*adıl*] "Sohn"

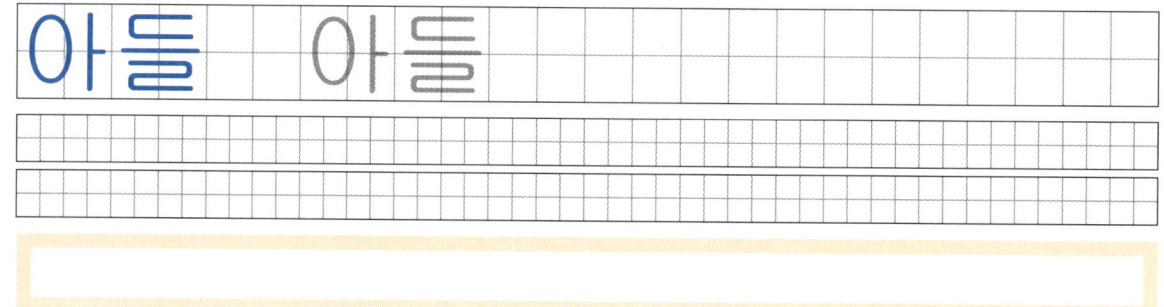

아이 [*ai*] "Kind"

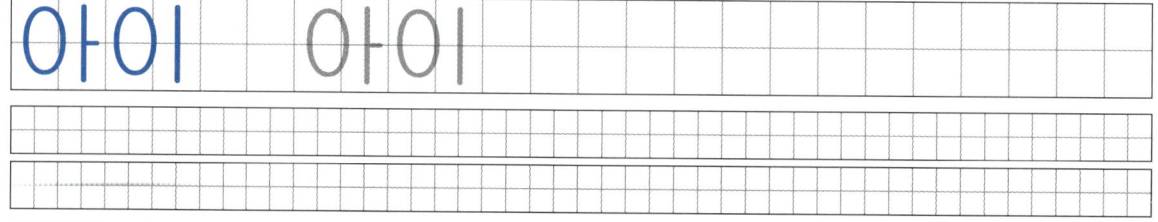

Es gibt eine umgangssprachliche Kurzform von **아이**: **애** [*ä*] "Kind".

부모 [*pumo*] "Eltern"

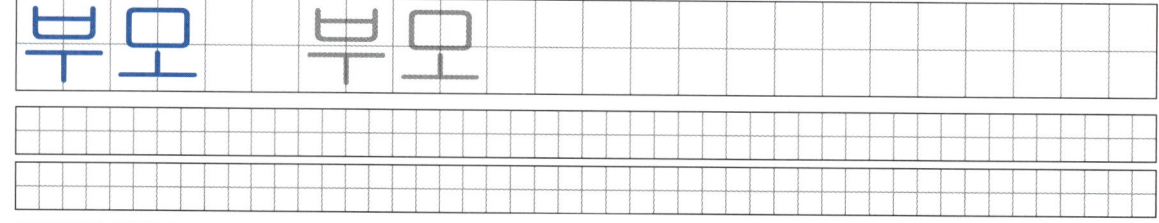

Merken Sie sich bei dieser Gelegenheit auch **조부모** [*djopumo*] "Großeltern".

BUCHSTABENKOMBINATIONEN BEI MEHRSILBIGEN WÖRTERN

부부 [*pubu*] "Ehepaar"

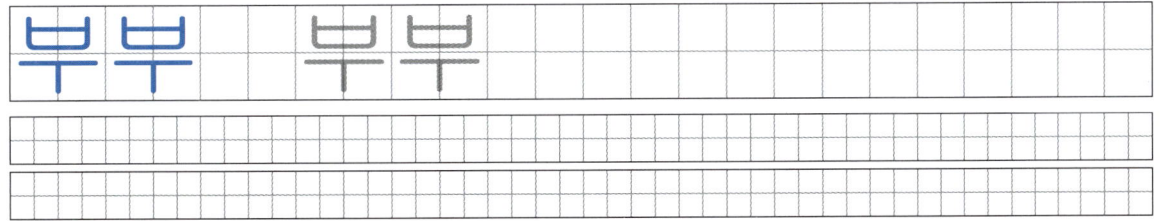

Laut phonetischer Konvention wird ㅂ im An- und Auslaut [*p*] gesprochen, zwischen Vokalen [*b*].

남편 [*nampʰjOn*] "Ehemann"

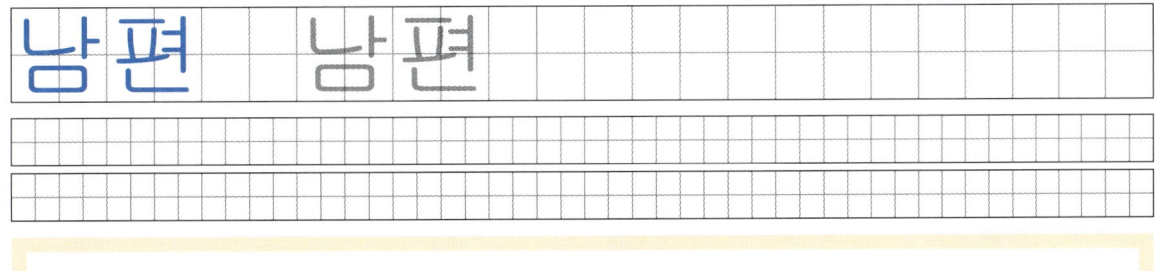

아내 [*anä*] "Ehefrau"

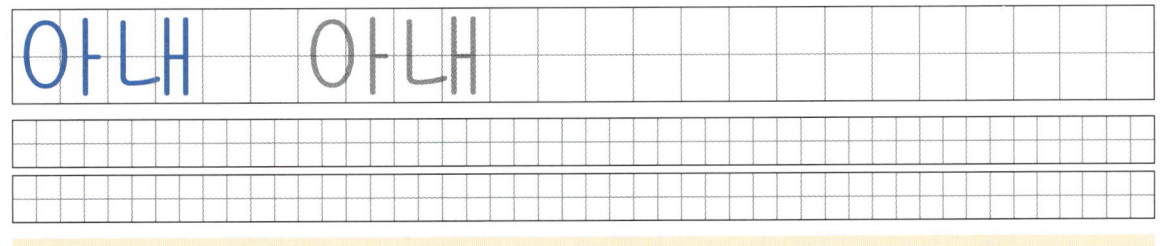

BUCHSTABENKOMBINATIONEN BEI MEHRSILBIGEN WÖRTERN

사돈 [ßadon] "angeheiratete Verwandte"

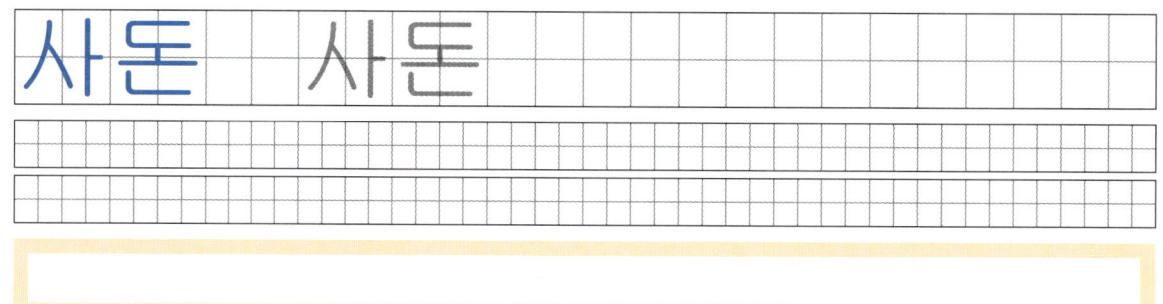

손주 [ßondju] "Enkelkind"

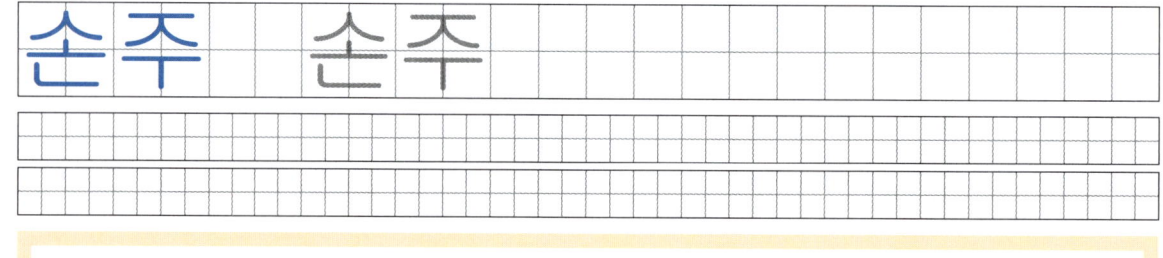

손자 [ßondja] "Enkel"

BUCHSTABENKOMBINATIONEN BEI MEHRSILBIGEN WÖRTERN

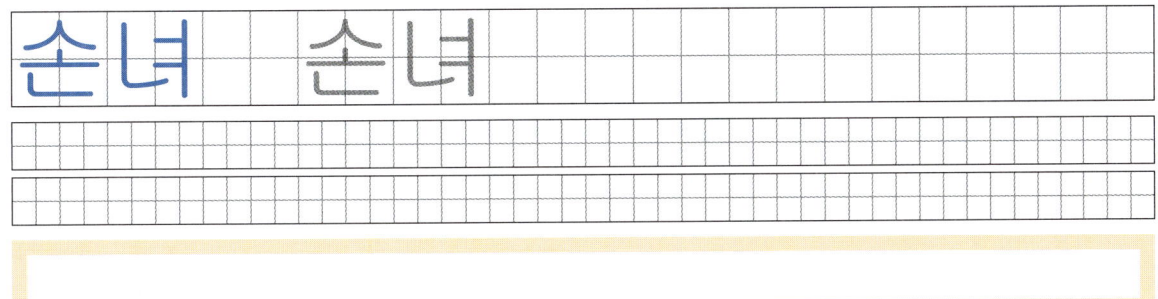

손녀 [ßonnjO] "Enkelin"

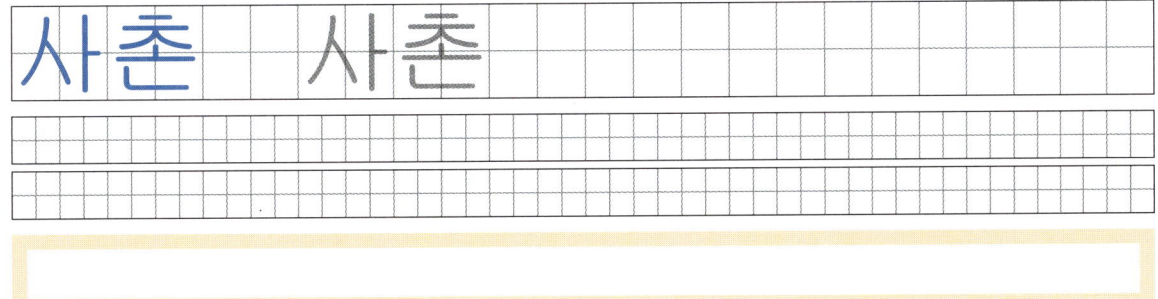

사촌 [ßatĵon] "Cousin, Cousine"

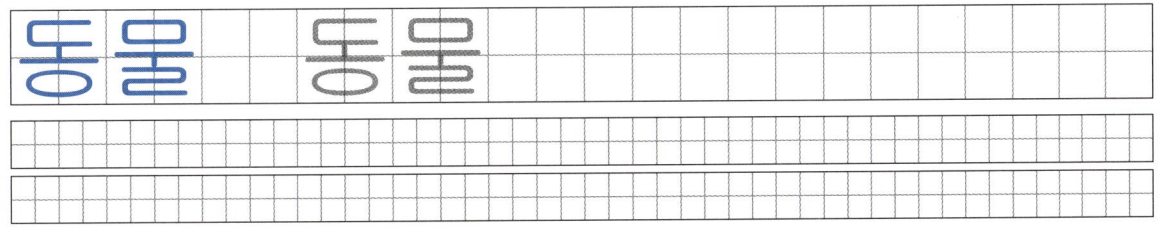

동물 [tongmul] "Tier"

Vielleicht möchten Sie auch **애완 동물** [äwan tongmul] "Haustier" schreiben?

BUCHSTABENKOMBINATIONEN BEI MEHRSILBIGEN WÖRTERN

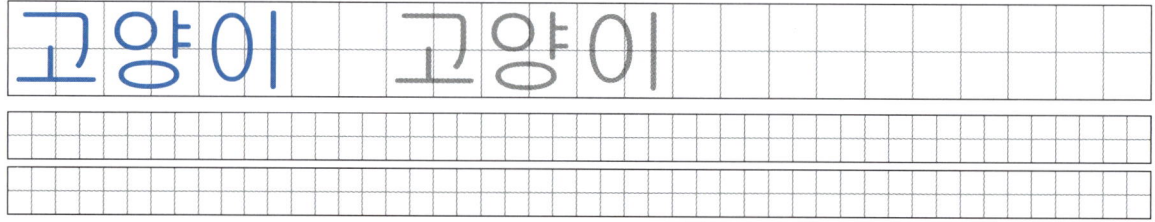

고양이 [*kojangi*] "Katze"

Die Verkleinerungsform lautet **고양아** [*kojang-a*] "Kätzchen". Das finale **이** [*-i*] entfällt dabei.

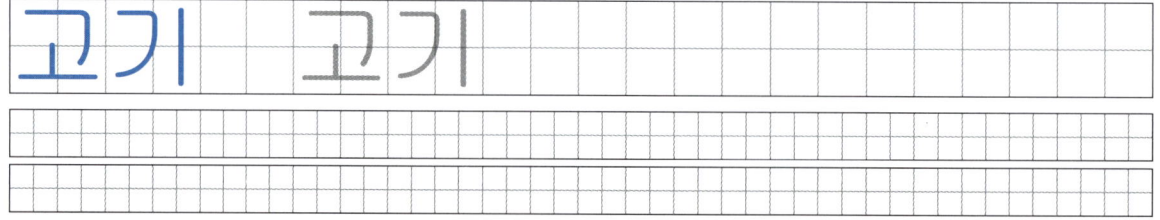

고기 [*kogi*] "Fleisch"

Dieses Wort steckt auch in dem berühmten Gericht **불고기** [*pulgogi*] "Bulgogi".

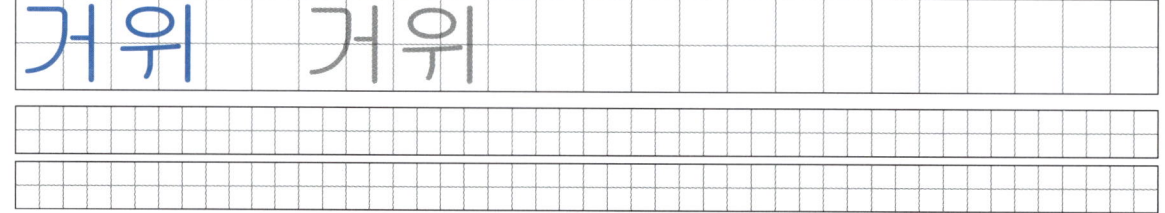

거위 [*kOwi*] "Gans"

In Nordkorea sagt man zu "Gans" **게사니** [*keßani*].

BUCHSTABENKOMBINATIONEN BEI MEHRSILBIGEN WÖRTERN

돼지 [*twädji*] "Schwein"

악어 [*agO*] "Krokodil"

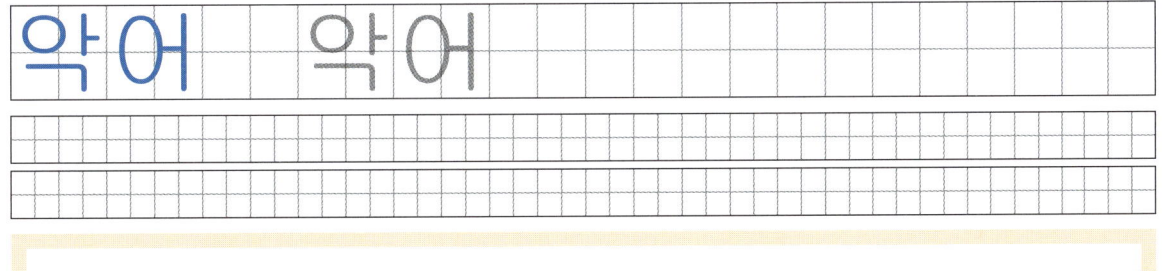

여우 [*jOu*] "Fuchs"

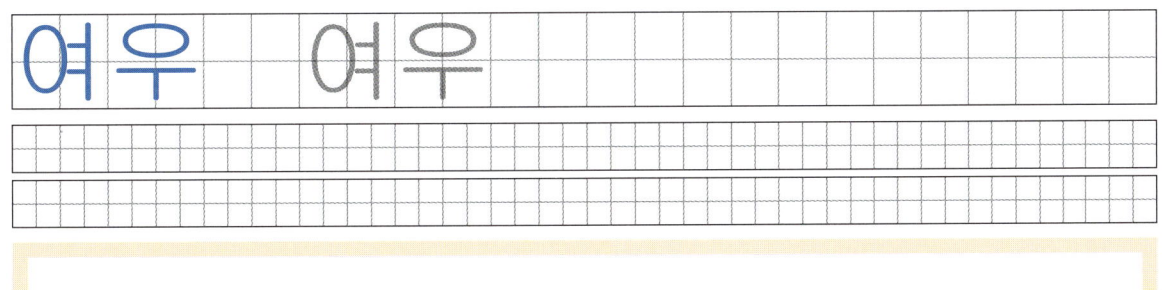

BUCHSTABENKOMBINATIONEN BEI MEHRSILBIGEN WÖRTERN

오리 [*ori*] "Ente"

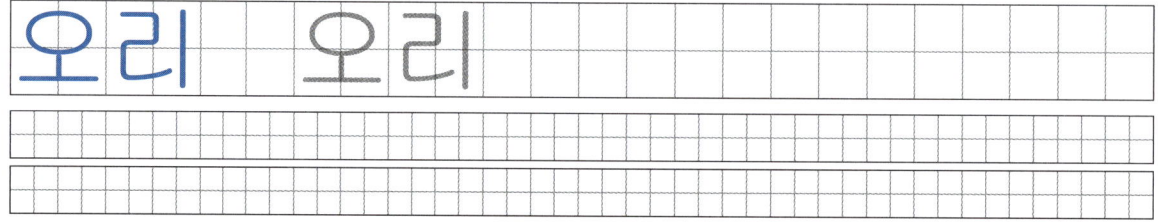

"Entenküken" bedeutet **새끼 오리** [*ßäkki ori*]; **새끼** [*ßäkki*] ist das "Tierjunge".

토끼 [*tʰokki*] "Kaninchen"

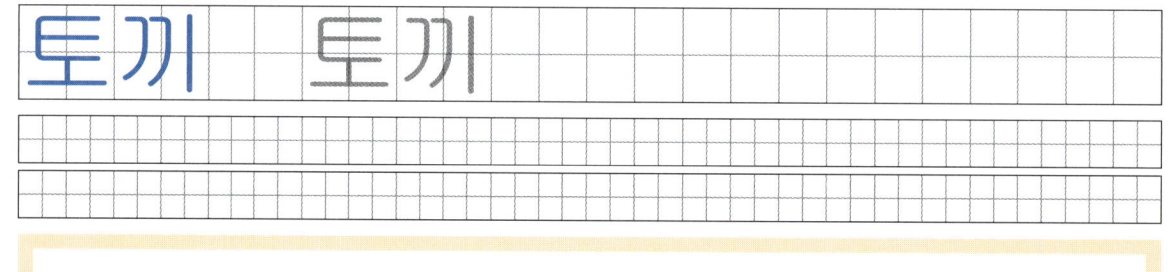

나비 [*nabi*] "Schmetterling"

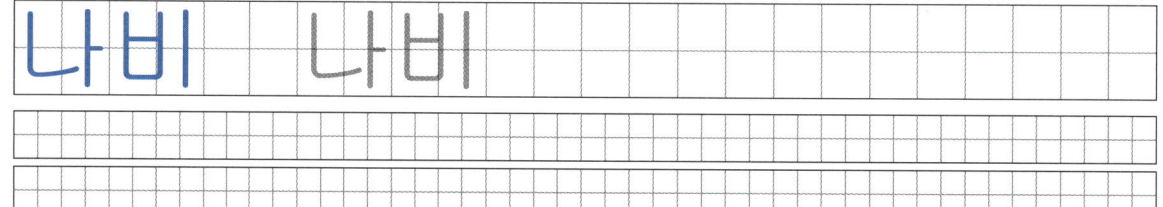

Die Verkleinerungsform lautat **나비야** [*nabi-ja*] "Schmetterlingchen, kleiner Schmetterling".

BUCHSTABENKOMBINATIONEN BEI MEHRSILBIGEN WÖRTERN

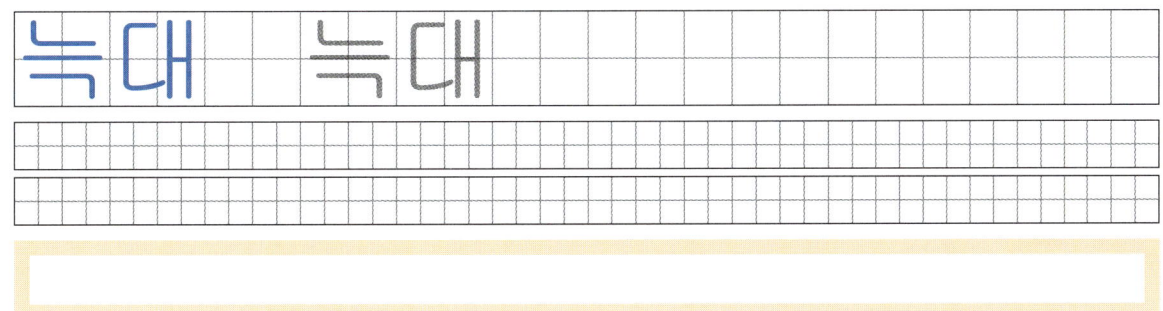

늑대 [nıktä] "Wolf"

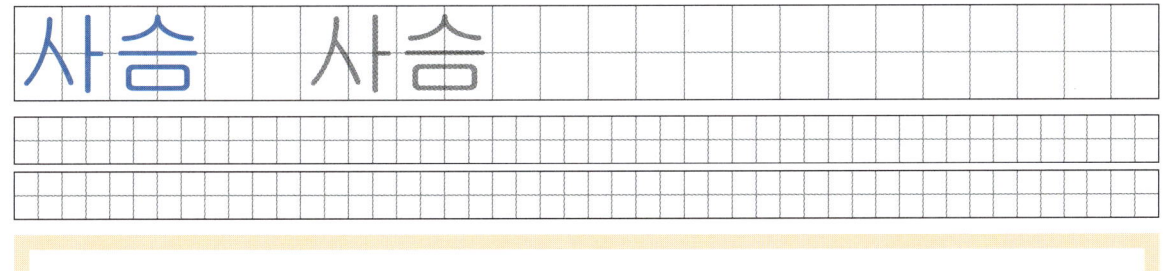

사슴 [ßaßım] "Hirsch"

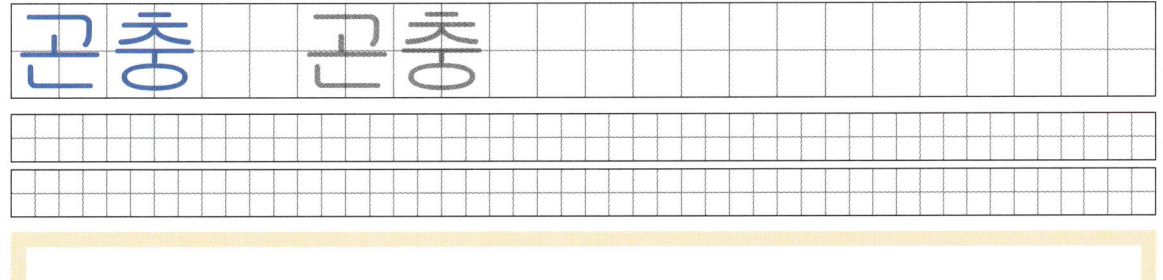

곤충 [kontĵung] "Insekt"

BUCHSTABENKOMBINATIONEN BEI MEHRSILBIGEN WÖRTERN

칠면조 [*tĵinmjOndĵo*] "Truthahn"

강아지 [*kangadĵi*] "Welpe"

선생 [*ßonßäng*] "Lehrer, Lehrerin"

선생 [*ßonßäng*] kann auch mit "Professor, Professorin" übersetzt werden. An der Universität heißt der "Professor" bzw. die "Professorin" jedoch 교수님 [*kjoßunim*].

BUCHSTABENKOMBINATIONEN BEI MEHRSILBIGEN WÖRTERN

가수 [*kaßu*] "Sänger, Sängerin"

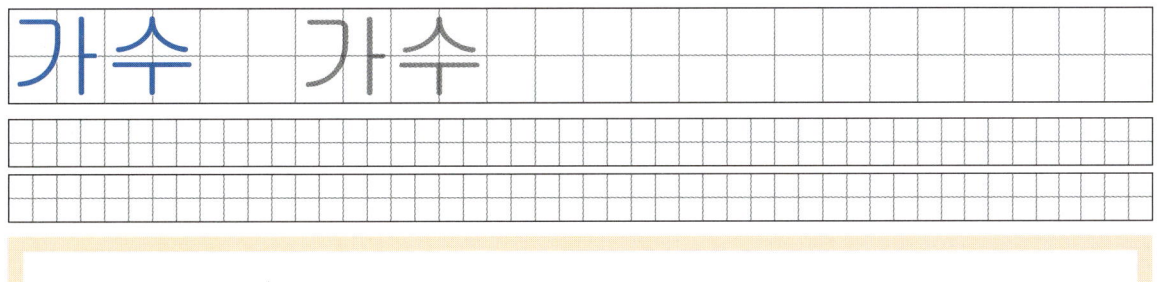

가게 [*kage*] "Geschäft, Laden"

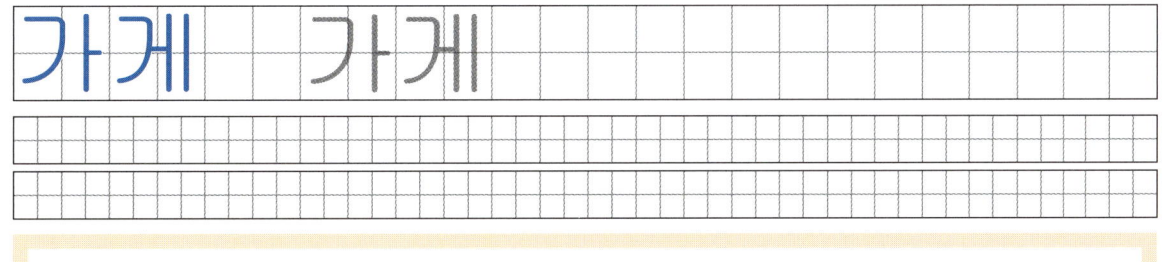

다리 [*tari*] "Bein; Brücke"

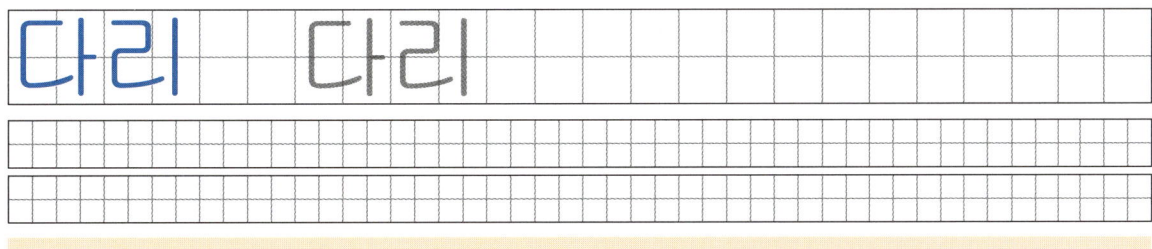

BUCHSTABENKOMBINATIONEN BEI MEHRSILBIGEN WÖRTERN

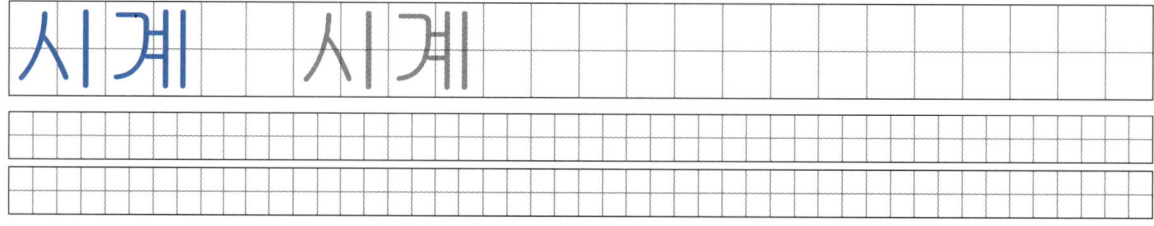

시계 [*schikje*] "Uhr, Wanduhr"

Merken Sie sich hierzu auch **손목 시계** [*ßonmok schikje*] "Armbanduhr".

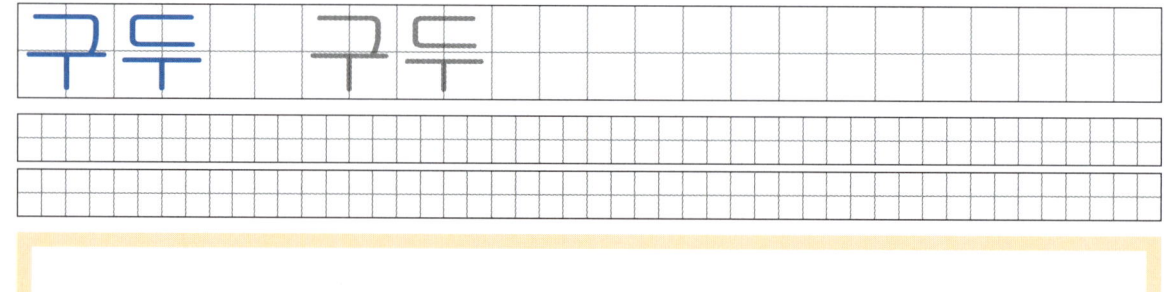

구두 [*kudu*] "(Stöckel-/Leder-)Schuh"

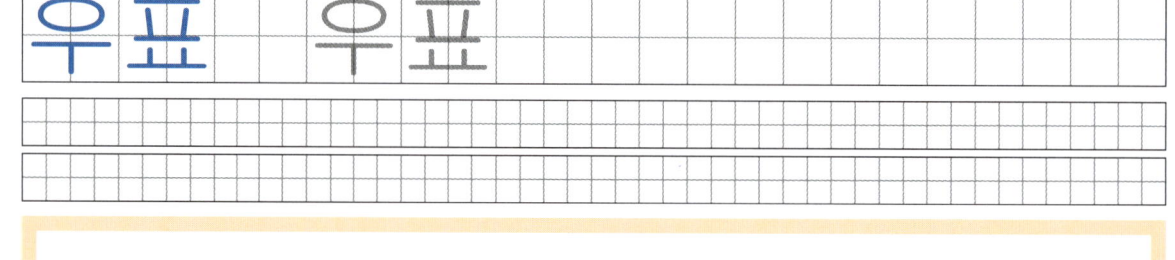

우표 [*up*ʰ*jo*] "Briefmarke"

BUCHSTABENKOMBINATIONEN BEI MEHRSILBIGEN WÖRTERN

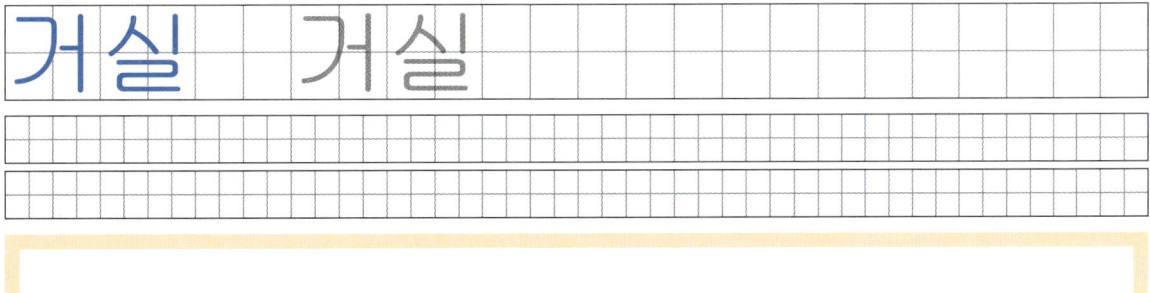

거실 [*kOschil*] "Wohnzimmer"

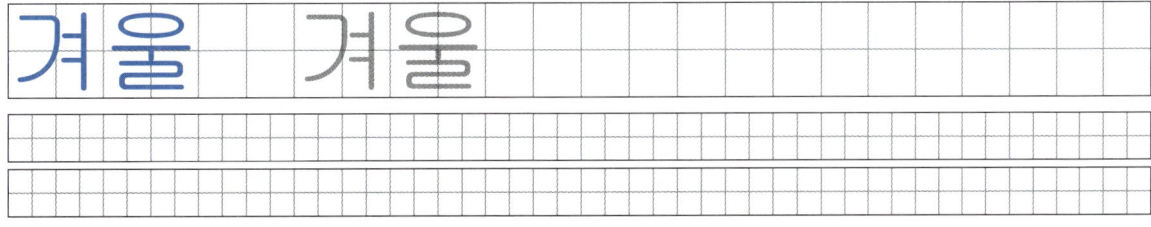

겨울 [*kjOul*] "Winter"

봄 [*pom*] "Frühling"; 여름 [*jOrım*] "Sommer"; 겨울 [*kaıl*] "Herbst".

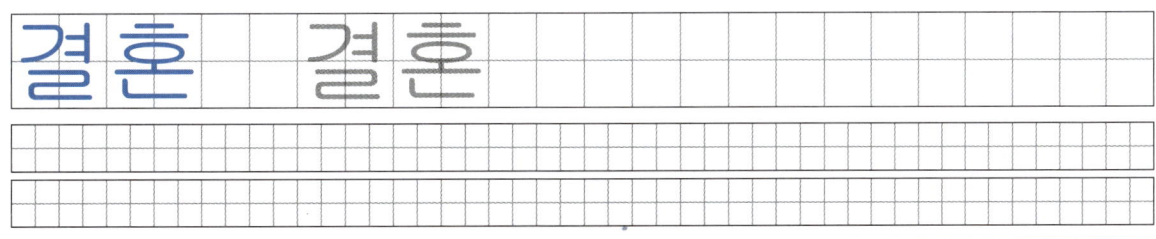

결혼 [*kjOrhon*] "Hochzeit, Heirat"

Das Verb "heiraten" wird mit 결혼 하다 [*kjOrhon ha-da*] wiedergegeben.

BUCHSTABENKOMBINATIONEN BEI MEHRSILBIGEN WÖRTERN

계획 [*kjehwek*] "Projekt, Plan"

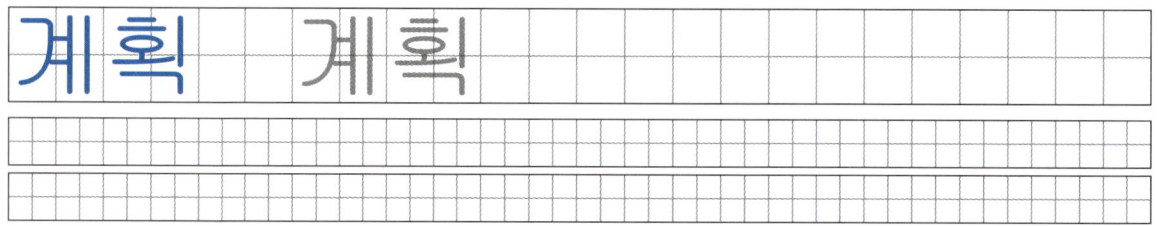

Dieses Nomen wird mit **세우다** [*ßeu-da*] "bauen, errichten, kreieren" gebraucht.

우유 [*uju*] "Milch"

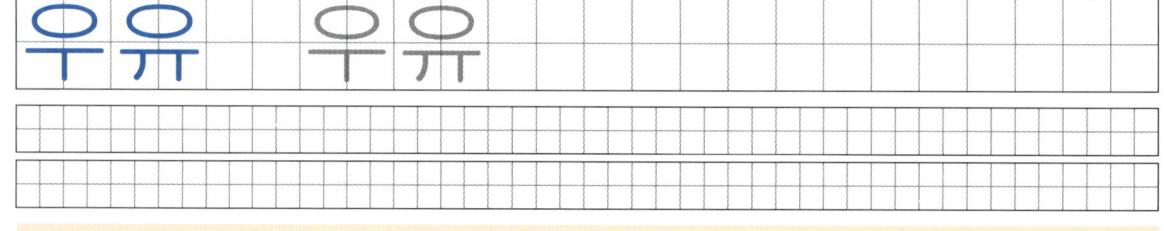

과일 [*kwail*] "Obst"

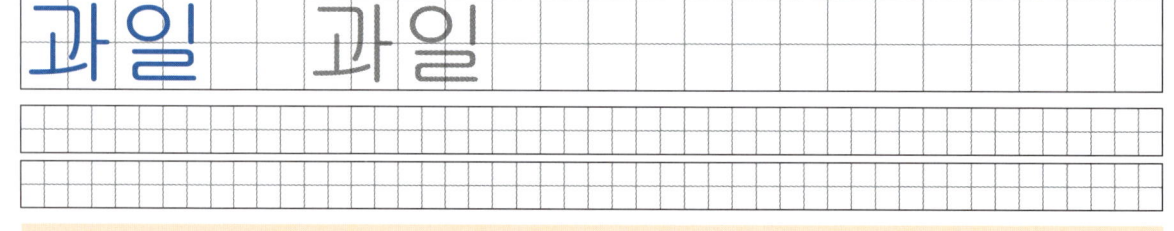

BUCHSTABENKOMBINATIONEN BEI MEHRSILBIGEN WÖRTERN

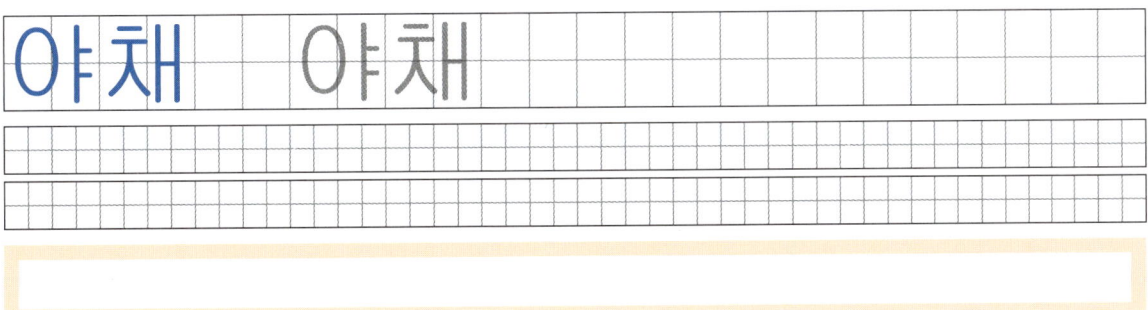

야채 [*jatʃä*] "Gemüse"

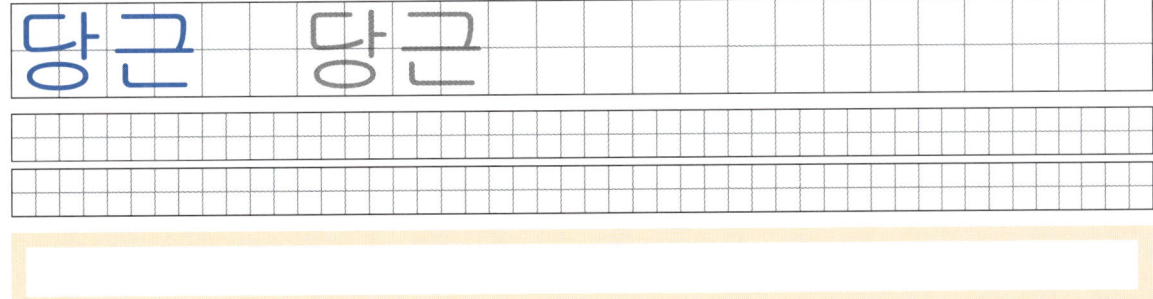

당근 [*tanggın*] "Karotte"

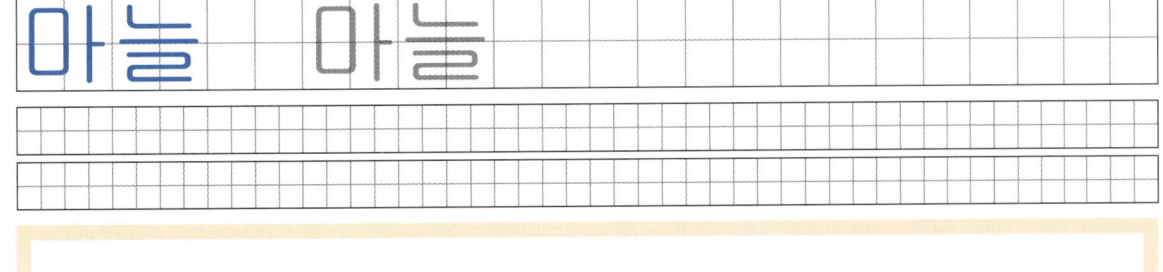

마늘 [*manıl*] "Knoblauch"

BUCHSTABENKOMBINATIONEN BEI MEHRSILBIGEN WÖRTERN

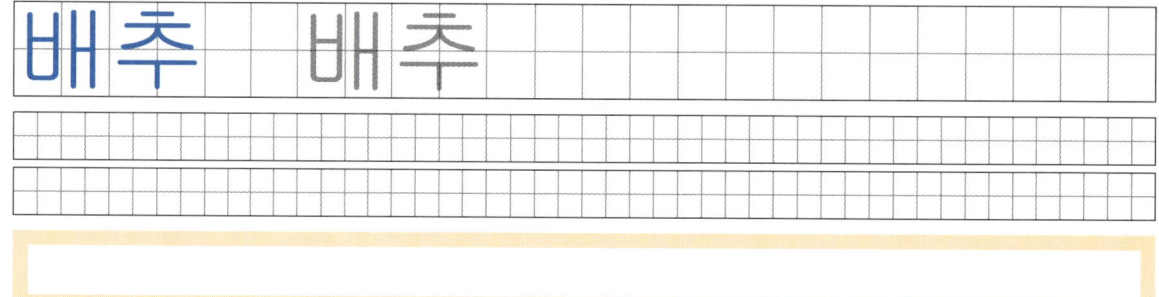

배추 [pätʃu] "Chinakohl"

오이 [oi] "Gurke"

맥주 [mäkdʃu] "Bier"

Merken Sie sich in diesem Zusamenhang auch 술 [ßul] "alkoholisches Getränk".

BUCHSTABENKOMBINATIONEN BEI MEHRSILBIGEN WÖRTERN

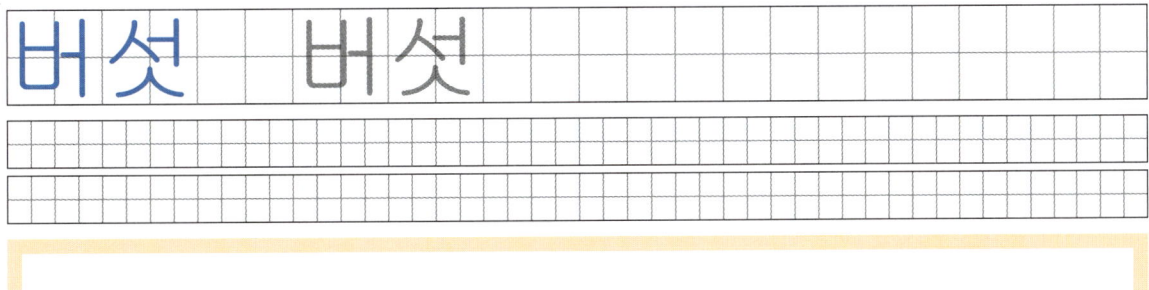

버섯 [pOßOt] "Pilz"

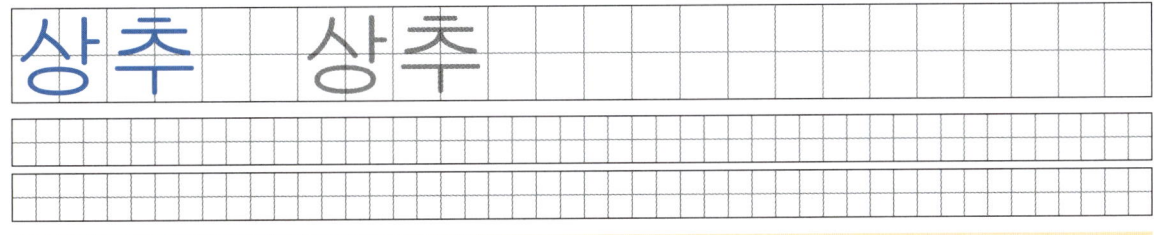

상추 [ßangtĵu] "(grüner) Salat"

"Grüner Salat" wird in Nordkorea 부루 [puru] genannt.

설탕 [ßOlt^hang] "Zucker"

BUCHSTABENKOMBINATIONEN BEI MEHRSILBIGEN WÖRTERN

소고기 [ßokogi] "Rindfleisch"

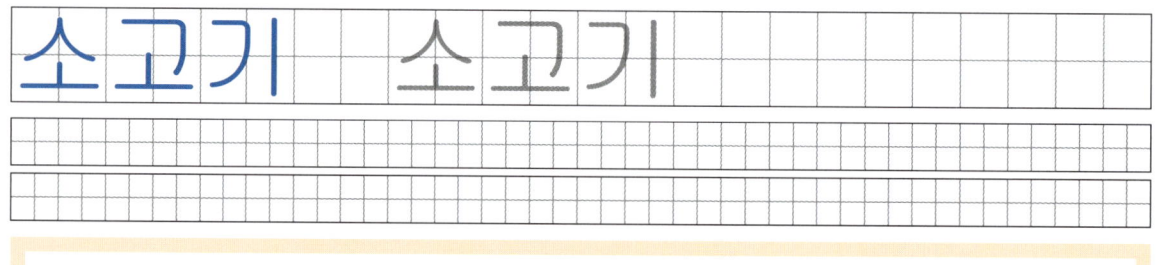

양파 [jangpʰa] "Zwiebel"

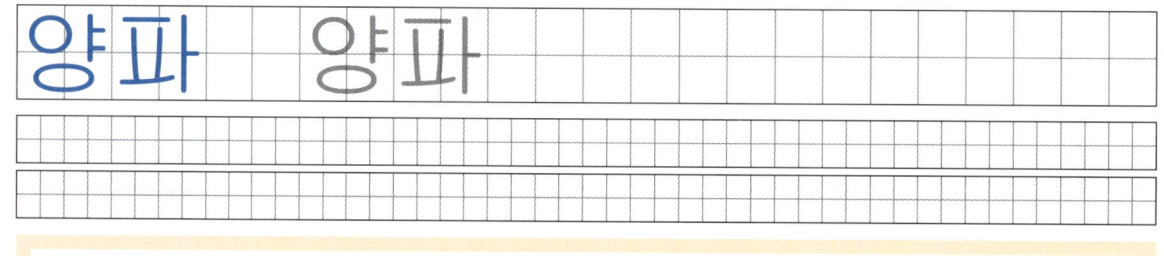

생선구이 [ßängßOnkui] "gegrillter Fisch"

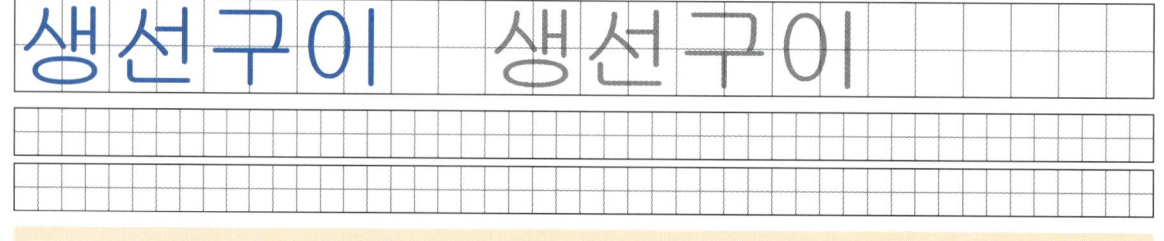

BUCHSTABENKOMBINATIONEN BEI MEHRSILBIGEN WÖRTERN

김치 [*kimtʃi*] "Kimchi"

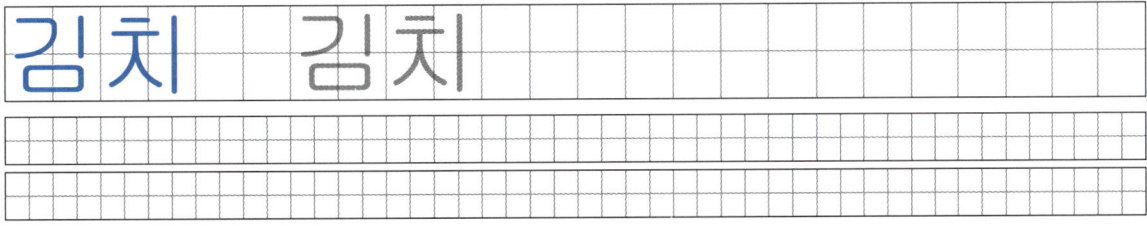

Kimchi, fermentierter, stark gewürzter Chinakohl, ist die beliebteste Beilage in Korea.

떡볶이 [*ttOkpokki*] "Tteokbokki"

Tteokbokki sind fingerdicke Schupfnudeln aus Reis, die man mit einer scharfen Chilipaste oder einfach mit Sojasauce isst.

소주 [*ßodʒu*] "Soju"

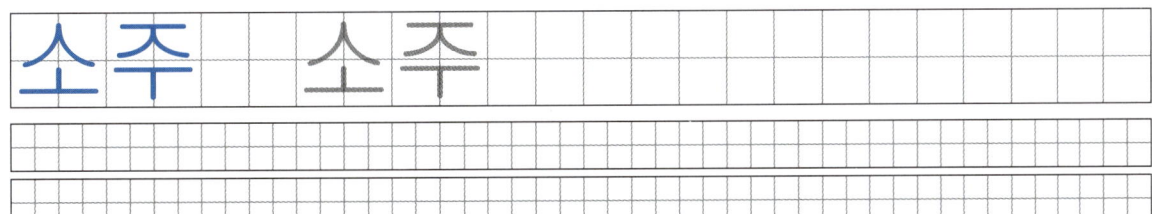

Soju ist ein 20–25%iger klarer Reisbranntwein, der pur oder als Mischgetränk getrunken wird. Mischt man ihn mit Bier, entsteht **소맥** [*ßomäk*] "Somaek".

BUCHSTABENKOMBINATIONEN BEI MEHRSILBIGEN WÖRTERN

치킨 [tɕikʰin] "frittiertes Hähnchen"

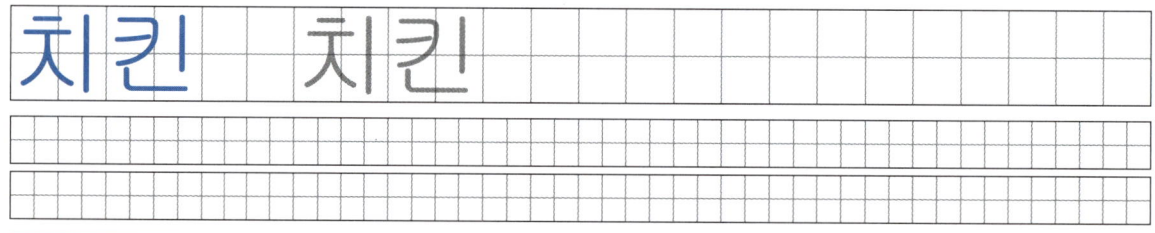

치킨 vom engl. *chicken* sind frittierte Hähnchenteile in würziger Panade – ein beliebter Snack.

비빔밥 [pibimbap] "Bibimbap"

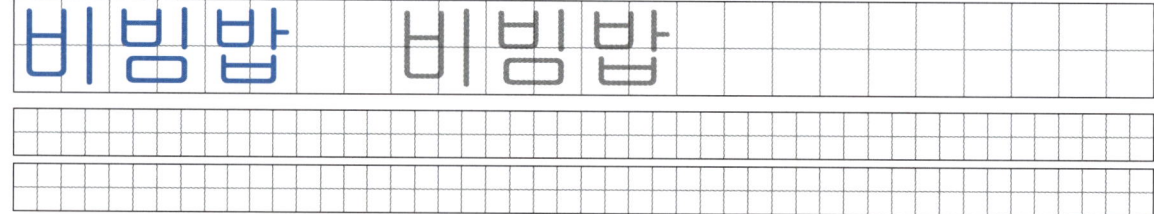

Bibimbap ist ein traditionelles Gericht aus Reis, Gemüse, Pilzen, Eiern, Fleisch und diversen Saucen oder Pasten.

불고기 [pulgogi] "Bulgogi"

Bulgogi ist das berühmte koreanische Barbecue, bei dem in Sojasauce (**간장** [kandʑang]) mariniertes Fleisch gebraten oder gegrillt wird.

Kreuzworträtsel

Ergänzen Sie in den Kästchen die koreanischen Wörter mit den folgenden Bedeutungen:

Waagerecht
① Ferien
② Weihnachten
③ der/die Koreaner/-in, die Koreaner
④ Restaurant (franz. Lehnwort)
⑤ Familie

Senkrecht
⑥ Frankreich
⑦ Eiscreme
⑧ Neuigkeiten (engl. Lehnwort)
⑨ Liebe
⑩ Sänger/-in

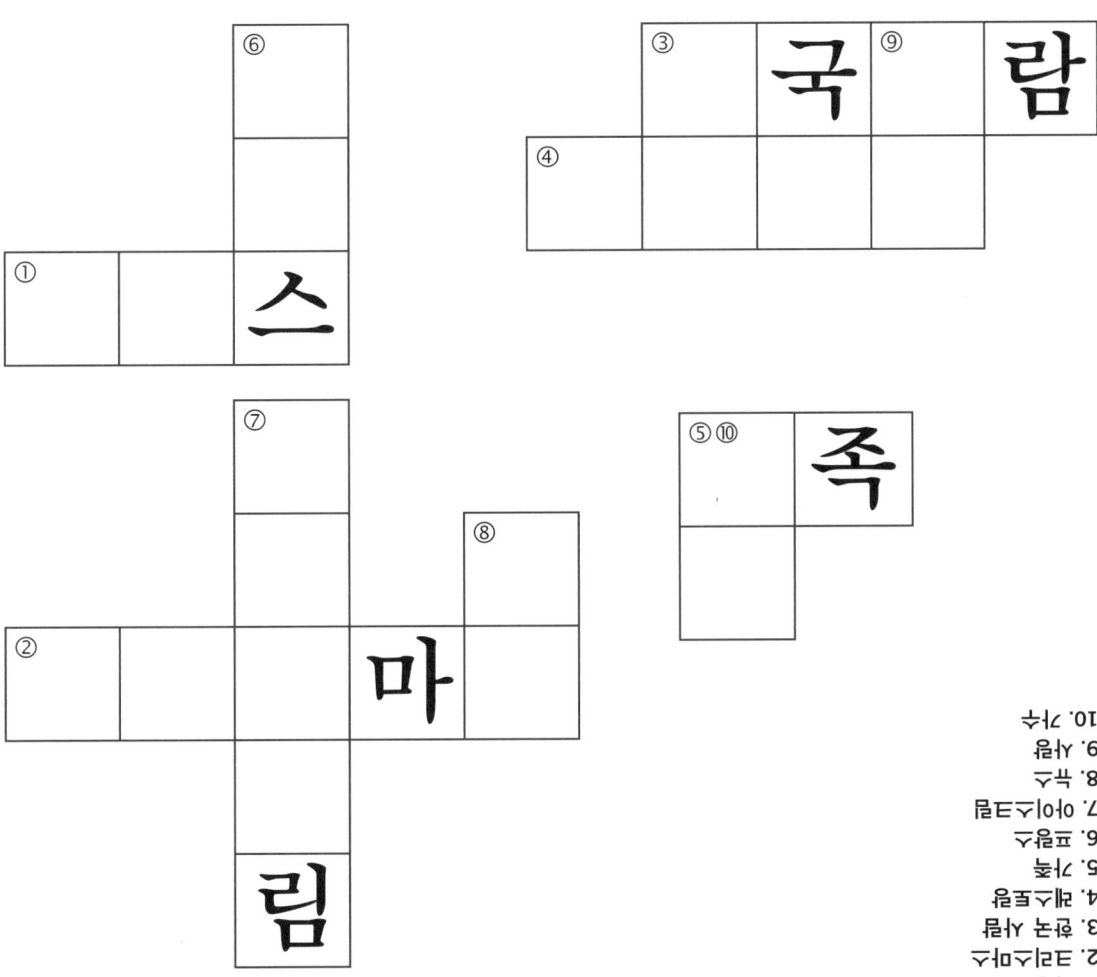

Lösungen:
1. 바캉스
2. 크리스마스
3. 한국 사람
4. 레스토랑
5. 가족
6. 프랑스
7. 아이스크림
8. 뉴스
9. 사랑
10. 가수

Internationale Wörter

Inhalt dieses Kapitels und Hinweise zur Verwendung

Auch das Koreanische verfügt über eine Vielzahl an Lehnwörtern aus anderen Sprachen, vor allem aus dem Englischen. Die englischen Ausdrücke werden recht häufig von Jüngeren verwendet; bei ihnen sind vermutlich 5-10 % des Vokabulars englischen Ursprungs. Aber auch das Französische hat dem Koreanischen seinen Stempel aufgedrückt.

Gerade die Alltagskultur ist in Südkorea stark durch die USA geprägt, weshalb immer wieder neue Begriffe aus dem amerikanischen Englisch entlehnt werden. In Nordkorea sind diese Wörter weitestgehend unbekannt und haben eigene Entsprechungen, die häufig "rein" koreanische Neuschöpfungen darstellen.

Mit den Jahren ist der Anteil an Lehnwörtern immer mehr gewachsen, wobei diese sich besonders im Bereich der Medien und der Technik verbreitet haben, wo das Englische eine Art sprachliches "Monopol" besitzt.

Oft ist es nicht einfach, englische und andere internationale Wörter im Koreanischen zu erkennen! Da im Koreanischen mehrere aufeinanderfolgende Konsonanten nicht vorkommen und Laute wie **f** oder **v** gänzlich unbekannt sind, werden Fremdwörter stets an die koreanische Phonetik angepasst. So fügt man beispielsweise zwischen zwei Konsonanten immer den Buchstaben – [ɪ] ein, und **f** und **v** werden zu ㅂ [p^h].

Das folgende Kapitel stellt Ihnen eine Auswahl an Lehnwörtern vor, die in die koreanische Alltagssprache eingegangen sind. Anders als in den vorangegangenen Kapiteln schulen Sie hier weniger Ihre Schreib-, sondern viel mehr Ihre Lesefähigkeit.

Decken Sie zunächst die rechte Spalte zu und versuchen Sie, das koreanische Wort ganz links zu lesen und laut auszusprechen. Sie werden dabei sofort merken, dass die Aussprache dieser Wörter ein bisschen vertraut klingt. Versuchen Sie anhand des Klangs herauszufinden, um welches internationale Wort es sich handelt. Anschließend können Sie anhand der deutschen Übersetzung, der Lautschrift und des Ursprungswortes in der rechten Spalte überprüfen, ob Sie das Wort richtig gelesen und verstanden haben. In den ovalen Kreisen ist außerdem angegeben, aus welcher Sprache das jeweilige Wort entlehnt wurde.

[ßugo-ha-ßejo!]

Viel Erfolg! / Gutes Gelingen!

INTERNATIONALE WÖRTER

카페오레	FR	**Milchkaffee** [kʰapʰeole] von "café au lait"
레스토랑	FR	**Restaurant** (im westlichen Stil) [leßıtʰorang] von "restaurant"
메뉴	FR	**Menü** [menju] von "menu"
바나나	EN	**Banane** [panana] von "banana"
버터	EN	**Butter** [pOtʰO] von "butter"
부페	FR	**Büffet** [pupʰe] von "buffet"
샌드위치	EN	**Belegtes Brötchen** [ßändıwitʃi] von "sandwich"
에스프레소	IT	**Espresso** [eßıpʰıreßo] von "espresso"
와인	EN	**Wein** [wain] von "wine"
초콜릿	EN	**Schokolade** [tʃokʰollit] oder [tʃokʰollet] von "chocolate"
카푸치노	IT	**Cappuccino** [kʰapʰutʃino] von "cappuccino"
피자	IT	**Pizza** [pʰidʒa] von "pizza"
콜라	EN	**Cola** [kʰolla] von "[Coca-]Cola"
핫도그	EN	**Hotdog** [hattogı] von "hot dog"
햄버거	EN	**Hamburger** (Gericht) [hämbOgO] von "hamburger"
아이스크림	EN	**Speiseeis, Eiscreme** [aißıkʰırim] von "ice cream"
토스트	EN	**Toastbrot** [tʰoßıtʰı] von "toast"
요구르트	EN	**Joghurt** [jogurıtʰı] von "yogurt"

INTERNATIONALE WÖRTER

주소	EN	**Saft** [tʃußɪ] von "juice"
오렌지	EN	**Orange** [orendʒi] von "orange"
컴퓨터	EN	**Computer** [kʰOmpʰjutʰO] von "computer"
카메라	EN	**Kamera, Fotoapparat** [kʰamera] von "camera"
노트북	EN	**Notebook** [notʰɪbuk] von "notebook"
라디오	EN	**Radio** [ladio] von "radio"
웨브사잇	EN	**Webseite** [webɪßait] von "website"
이메일	EN	**E-Mail** [imeil] von "e-mail"
인터넷	EN	**Internet** [intʰOnet] von "internet"
핸드폰	DE/EN	**Handy** [händɪpʰon] von "handy phone"
홈페이즈	EN	**Homepage** [hompʰeidʒi] von "home page"
셀피	EN	**Selfie** [ßelpʰi] von "selfie"
쇼핑	EN	**Shopping** [schjopʰing] von "shopping"
파티	EN	**Party** [pʰatʰi] von "party"
호프	DE	**Bar** [hopʰɪ] von "Hofbräu"
아이쇼핑	EN	**Schaufensterbummel** [aischjopʰing] von "eye-shopping"
게임	EN	**Videospiel; Spiel** [geim] von "game"
바캉스	FR	**Urlaub, Ferien** [bakʰangßɪ] von "vacances"

INTERNATIONALE WÖRTER

Korean	Lang	German	Pronunciation
코미디쇼	EN	Comedy Show	[kʰomidischjo] von "comedy show"
텔레비전	EN	Fernseher	[tʰellebidjOn] von "television"
뉴스	EN	Nachrichten, Neuigkeiten	[njußı] von "news"
앙케트	FR	Ermittlung, Umfrage	[angkʰetʰı] von "enquête"
골프	EN	Golf(spiel)	[kolpʰı] von "golf"
스포츠	EN	Sport	[ßıpʰotʃı] von "sport"
트레이너	EN	Trainer	[tʰıreinO] von "trainer"
헬스클럽	EN	Fitnessstudio	[helßıkʰıllOp] von "health club"
테니스	EN	Tennis	[tʰenißı] von "Tennis"
월드컵	EN	Weltmeisterschaft	[wOldıkʰOp] von "World Cup"
올림픽	EN	Olympische Spiele	[ollimpʰik] von "Olympic"
스키	EN	Ski	[ßıkʰi] von "ski"
하이킹	EN	Wandern	[haikʰing] von "hiking"
넥타이	EN	Krawatte	[nektʰai] von "necktie"
팬티	EN	Unterhose	[pʰäntʰi] von "pants"
액세서리	EN	Schmuck	[äkßeßOri] von "accessory"
재킷	EN	Jacke	[djäkʰit] von "jacket"
린스	EN	Haarspülung, Conditioner	[linßı] von "(to) rinse"

INTERNATIONALE WÖRTER

Korean	Lang	German	Pronunciation
파마	EN	Dauerwelle	[pʰama] von "perm"
샤워	EN	Dusche	[schjawO] von "shower"
버스	EN	Bus	[pOßɪ] von "bus"
슈퍼마켓	EN	Supermarkt	[schjupʰOmakʰet] von "supermarket"
스트레스	EN	Stress	[ßɪtʰɪreßɪ] von "stress"
아르바이트	DE	Teilzeitjob	[arɪbaitʰɪ] von "Arbeit"
아파트	EN	Wohnung	[apʰatʰɪ] von "apartment"
택시	EN	Taxi	[tʰäkßi] von "taxi"
이벤트	EN	Veranstaltung; Event	[ipentʰɪ] von "event"
바이바이	EN	Tschüss	[paibai] von "bye bye"
강남스타일	EN	Gangnam Style	[kangnam ßɪtʰail] von "Gangnam Style"
피아노	IT	Klavier	[pʰiano] von "piano(forte)"
바이올린	EN	Geige	[paiollin] von "violin"
비올라	IT	Bratsche	[piolla] von "viola"
첼로	EN/IT	Cello	[tjello] von "cello"
글로켄슈필	DE	Glockenspiel	[kɪllokʰenschjopʰil] von "Glockenspiel"
플루트	EN	Flöte, Querflöte	[pʰɪllutʰɪ] von "flute"
트럼펫	EN	Trompete	[tʰɪlOmpʰet] von "trumpet"

INTERNATIONALE WÖRTER

메스		DE	**Skalpell** [meßı] von "Messer"
도플갱어		DE	**Doppelgänger** [topʰılgängO] von "Doppelgänger"
라이트모티프		DE	**Leitmotiv** [laitʰımotʰipʰı] von "Leitmotiv"
노트		EN	**Notiz** [notʰı] von "note"
모델		EN	**Model** [model] von "model"
호텔		FR	**Hotel** [hotʰel] von "hôtel"
달러		EN	**Dollar** [tallO] von "dollar"
데모		EN	**Demonstration** [temo] von "demo"
바이러스		EN	**Virus** [pairOßı] von "virus"
비타민		EN	**Vitamin** [pitʰamin] von "vitamin"
알레르기		DE	**Allergie** [allerıgi] von "Allergie"
카드		EN	**Karte** [kʰadı] von "card"
빌라		IT	**Villa** [pilla] von "villa"
펜션		EN	**Pension** [pʰenschjOn] von "pension"
테이블		EN	**Tisch** [tʰeibıl] von "table"
크리스마스		EN	**Weihnachten** [kʰırißımaßı] von "Christmas"
데뷔		FR	**Debüt** [tebwi] von "début"
살롱		FR	**Wohnzimmer, Salon** [ßallong] von "salon"

Schreiben Sie Ihren Vornamen auf Koreanisch!

Wenn Sie Ihren Vornamen auf Koreanisch schreiben möchten, benötigen Sie ein wenig Fantasie, denn die koreanischen Konsonanten und Vokale haben nicht denselben Lautwert wie im Deutschen. Die folgenden Hinweise sollen Ihnen als Hilfestellung dienen:

• Bestimmen Sie zunächst die Anzahl der Laute, aus denen sich Ihr Vorname zusammensetzen soll. So erhalten Sie die Anzahl an "Quadraten", die Sie zum Schreiben Ihres Namens auf Koreanisch benötigen.

• Schauen Sie in den beiden Übersichten über die Konsonanten bzw. die Vokale und Halbvokale auf der ersten und der letzten Umschlagseite nach, welcher Buchstabe bzw. welche Buchstabenkombination der Aussprache der einzelnen Silben Ihres Namens möglichst nahekommt. Dann müssen Sie diese Silben nur noch schreiben!

• Beachten Sie: Die Konsonanten **f**, **v** und **z** existieren im Koreanischen nicht. Sie können jeweils durch ㅍ [pʰ], ㅂ [b] bzw. ㅈ [dʒ] ersetzt werden.

Anhand von drei Beispielnamen möchten wir Ihnen hier kurz die genaue Vorgehensweise demonstrieren. Auf den folgenden Seiten finden Sie eine Reihe von "koreanisierten" Namen, die Sie nachschreiben können.

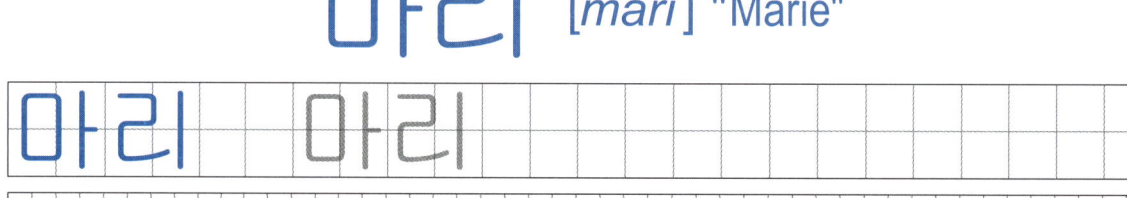

[*mari*] "Marie"

• Auf Koreanisch hört man im Namen "Marie" zwei Silben: [*ma*] und [*ri*]. Sie benötigen also zwei Quadrate für diesen Namen.

• Ersetzen Sie dann die deutschen Konsonanten und Vokale durch die entsprechenden Buchstaben in Hangeul: [*m*]-[*a*]-[*r*]-[*i*] → ㅁ-ㅏ-ㄹ-ㅣ.

• Schreiben Sie die Silben in die Quadrate. Beachten Sie: Der vertikale Vokal steht rechts vom Konsonanten.

NAMEN

다비드 [*tabidı*] "David"

- Anders als im Deutschen umfasst der Name "David" im Koreanischen drei Silben: [*ta*], [*bi*] und [*dı*]. Man benötigt also drei Quadrate, um den Namen zu schreiben.
- Die deutschen Konsonanten und Vokale werden durch die entsprechenden Konsonanten und Vokale in Hangeul ersetzt: [*t*]-[*a*]-[*b*]-[*i*]-[*d*]-[*ı*] > ㄷ-ㅏ-ㅂ-ㅣ-ㄷ-ㅡ. Der Buchstabe **v** wird durch ㅂ [*b*] ersetzt.
- Wie Sie wissen, bestehen koreanische Silben immer aus mindestens zwei Elementen: Daher steht nach dem ㄷ [*d*] in der letzten Silbe der Vokal ㅡ [*ı*]. Dieser Vokal steht, da er horizontal geschrieben wird, unter dem Konsonanten.

토마스 [*tʰomaßı*] "Thomas"

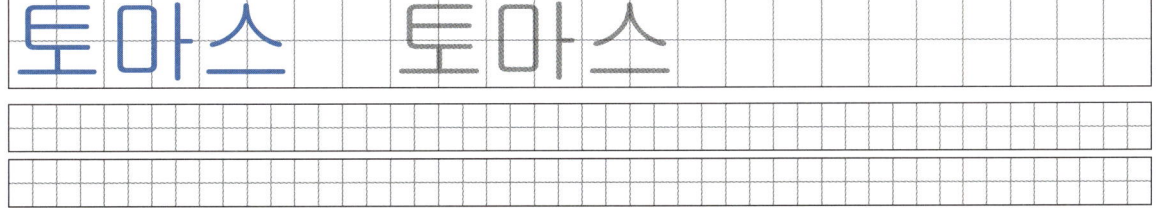

- Der im Deutschen zweisilbige Name "Thomas" besteht im Koreanischen aus drei Silben: [*tʰo*], [*ma*] und [*ßı*]. Er wird also in drei Quadraten geschrieben.
- Die deutschen Konsonanten und Vokale werden durch die entsprechenden Konsonanten und Vokale in Hangeul ersetzt: [*tʰ*]-[*o*]-[*m*]-[*a*]-[*ß*] ([*ı*]) > ㅌ-ㅗ-ㅁ-ㅏ-ㅅ-ㅡ. Man könnte den Vokal **o** entweder durch ㅗ [*o*] oder durch ㅓ [*O*] darstellen, jedoch bietet sich eher der geschlossene Laut ㅗ [*o*] an.
- Da sich eine Silbe aus mindestens einem Konsonanten und einem Vokal zusammensetzen muss, steht unter ㅅ [*ß*] der Vokal ㅡ [*ı*].

NAMEN

Korean	Name	IPA
미아	**Mia**	[mia]
노아	**Noah**	[noa]
티나	**Tina**	[tʰina]
벤	**Ben**	[pen]
레온	**Leon**	[leon]
한나	**Hanna**	[hanna]
파울	**Paul**	[pʰaul]
소피	**Sophie**	[ßopʰi]
헨리	**Henry**	[henri]
엠마	**Emma**	[emma]
엘이아스	**Elias**	[eliaßɪ]
마리아	**Maria**	[maria]
펠릭소	**Felix**	[pʰellikßɪ]
루이자	**Louisa**	[luidʒa]
막소	**Max**	[makßɪ]
에밀리아	**Emilia**	[emillia]
알렉산더	**Alexander**	[allekßandO]
이오한나	**Johanna**	[iohanna]

NAMEN

유럽 [jurOp] "Europa"

유럽 유럽

Ebenso wie einige westliche Ländernamen, die in der koreanisierten Fassung lautliche Transkriptionen der englischen Version sind, ist auch **유럽** von "Europe" abgeleitet. Die englischen Konsonanten- und Vokallaute werden dabei durch die entsprechenden Konsonanten und Vokale in Hangeul ersetzt: [ju]-[r]-[O]-[p] > ㅠ-ㄹ-ㅓ-ㅂ.

Manche europäischen Länder- und Städtenamen sind auf der Basis der landeseigenen Aussprache entstanden. Hier einige Beispiele:

파리 — **Paris** [pʰari]

프랑스 — **Frankreich** [pʰırangßı]

이탈리아 — **Italien** [itʰallia]

로마 — **Rom** [loma]

독일 — **Deutschland** [togıl]

베를린 — **Berlin** [perıllın]

함부로크 — **Hamburg** [hamburıkʰ]

뮌헨 — **München** [mwinhen]

쾰른 — **Köln** [kʰwellın]

오스트리아 — **Österreich** [oßıtʰıria]

빈 — **Wien** [pin]

NAMEN

Und nun schreiben Sie ...

... Ihren Namen

... den Namen Ihrer Mutter

... den Namen Ihres Vaters

... den Namen Ihres Wohnorts

... den Namen Ihres Haustiers oder einen anderen Namen

Wie schreibt man Hangeul auf der Tastatur?

Jetzt, wo Sie wissen, wie Sie Hangeul mit der Hand schreiben, können Sie versuchen, koreanische Silben mithilfe der Computertastatur einzugeben.
• Zunächst müssen Sie die koreanische Tastatur installieren. Wie Sie dazu vorgehen, ist von Betriebssystem zu Betriebssystem unterschiedlich. Am besten informieren Sie sich im Internet.
• Die koreanische Tastatur sieht wie unten gezeigt aus. Bei den Tasten, auf denen sich zwei Buchstaben befinden, müssen Sie die Feststelltaste (Shift) betätigen, um die oben gezeigten Buchstaben einzugeben.
• Versuchen Sie zunächst, die Wörter einzugeben, die Sie in diesem Übungsheft kennengelernt haben. Vergessen Sie nicht, stets mit einem Konsonanten zu beginnen und die Silben nach dem Muster Konsonant-Vokal, Konsonant-Vokal-Konsonant oder Konsonant-Vokal-Konsonant- Konsonant aufzubauen!
• Die koreanische Tastatur fügt die eingegebenen Buchstaben automatisch zu sinnvollen Silben zusammen.

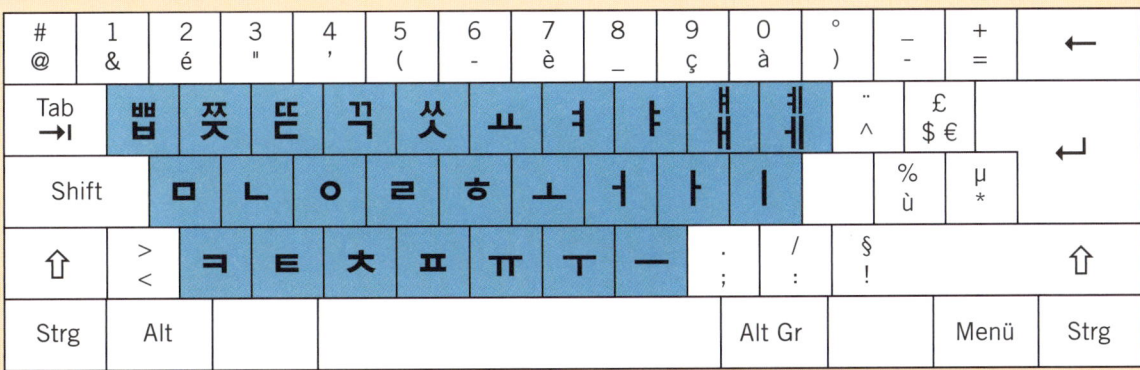

Alltagsfloskeln

Inhalt dieses Kapitels und Hinweise zur Verwendung

Nachdem Sie sich mit einsilbigen und mehrsilbigen Wörtern beschäftigt haben, machen wir Sie nun mit kompletten Sätzen in Form von Alltagsfloskeln vertraut.

Einsteigern kommen diese kleinen Sätze immer wieder sehr gelegen, weil sie ermöglichen, sich im fremden Land zu orientieren, Auskünfte einzuholen und Menschen kennenzulernen, selbst wenn man die Landessprache noch nicht komplett beherrscht.

Die Alltagsfloskeln in diesem Kapitel sollen Sie beim Schreiben komplexerer und längerer Sätze auf Koreanisch begleiten und Ihnen dabei helfen, Ihren Wortschatz auszubauen.

Wie üblich besteht die Überschrift zu jedem Satz aus zwei Teilen: In der oberen Zeile finden Sie die koreanische Wendung, darunter die Lautschrift sowie die deutsche Übersetzung.

Beachten Sie stets, dass sich manche Alltagsfloskeln nur schwer ins Deutsche übertragen lassen, denn ihre Bedeutung hat sich mit der Zeit grundlegend gewandelt. In den Fällen, in denen der Bezug zwischen der koreanischen Wendung und der deutschen Bedeutung einer Erklärung bedarf, finden Sie die entsprechenden Erläuterungen unten im gelben Anmerkungskasten.

Sie können mit der Schreibübung in der obersten Zeile gleich hinter der Floskel beginnen und Ihre Übungen dann in den beiden darunterliegenden Zeilen, deren Quadrate etwas kleiner sind, fortsetzen.

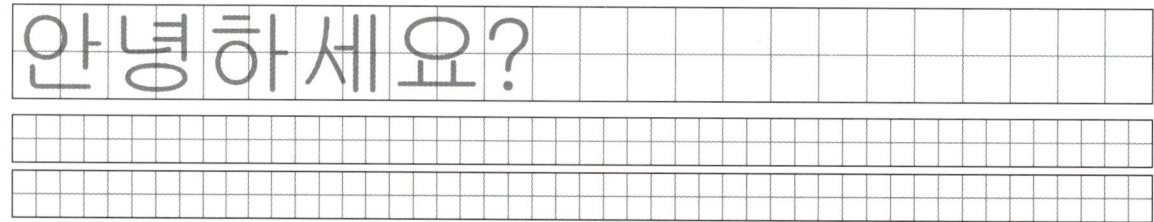

안녕하세요? ist eine Frage und bedeutet wörtlich "Machen Sie Frieden?". Man erkundigt sich auf diese Weise, ob der Gesprächspartner eine angenehme Nachtruhe hatte. Diese Begrüßung kann man ganztägig benutzen.

ALLTAGSFLOSKELN

내일 봐요!
[*näil pwajo!*] "Bis morgen!"

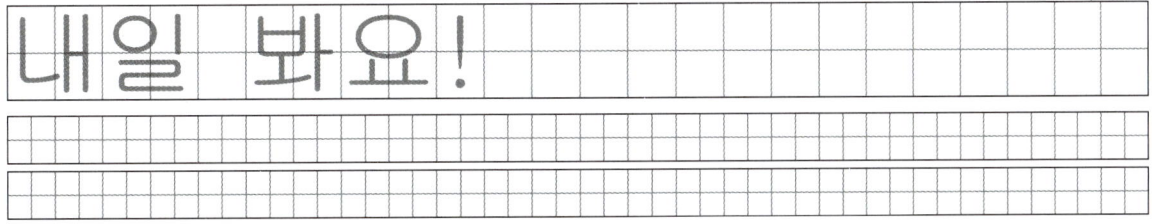

봐요 ist die respektvolle Form des Verbs "sehen".

다음에 봐요!
[*taıme pwajo!*] "Bis bald!"

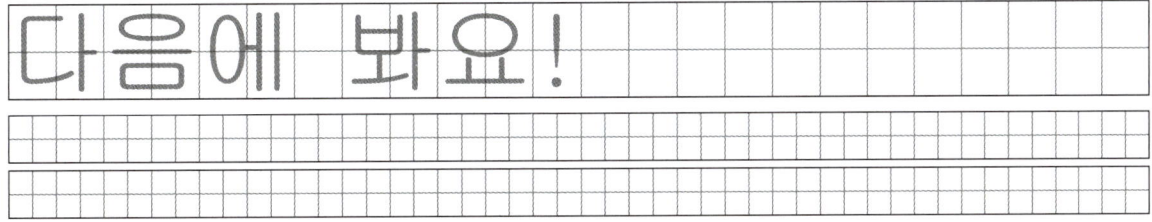

Die Grundbedeutung von 다음에 ist "(da)nach, später".

안녕히 가세요!
[*annjOnghi kaßejo!*] "Auf Wiedersehen!"

안녕히 bedeutet "friedlich", 가세요 "Sie gehen/fahren". Die Floskel wird von der Person verwendet, die zurückbleibt.

ALLTAGSFLOSKELN

안녕히 계세요!
[*annjOnghi kjeßejo!*] "Auf Wiedersehen!"

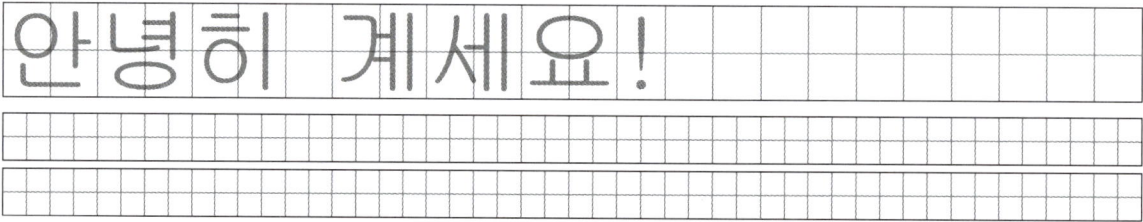

계세요 heißt "Sie befinden sich / Sie bleiben". Diese Floskel bedeutet also wörtlich "Bleiben Sie gut" und wird von der Person benutzt, die weggeht.

저는 마리입니다.
[*djOnın mariimnida.*] "Ich bin Marie."

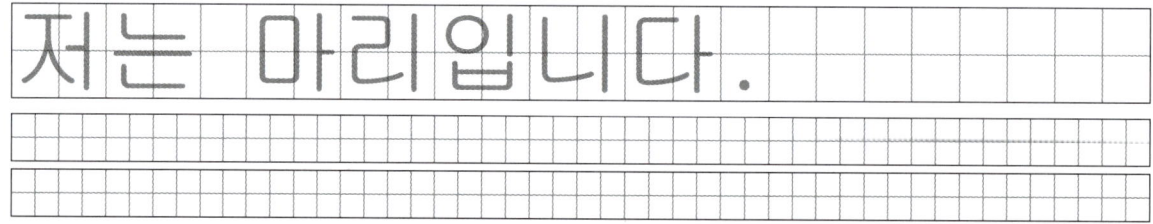

Sie sehen hier, dass sich ㅂ [*b/p*] lautlich an das folgende ㄴ [*n*] anpasst und dadurch als [*m*] gesprochen wird. Sie werden dieses Phänomen im Folgenden noch öfter antreffen.

반갑습니다.
[*pangapßımnida.*] "Sehr erfreut, Sie kennenzulernen."

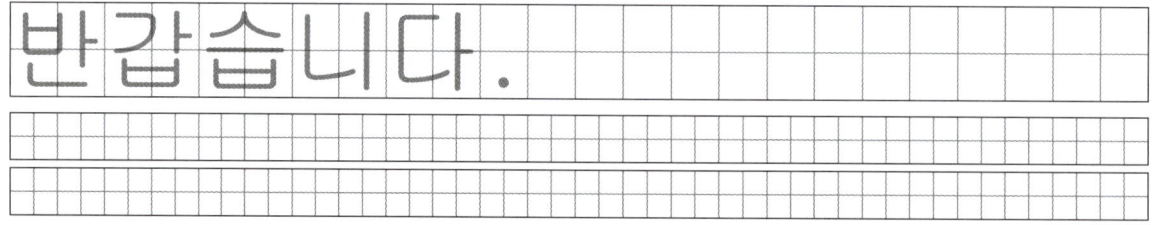

반갑습니다 ist lediglich die höfliche Variante von "erfreut sein". "Sie kennenzulernen" ist in der Floskel impliziert.

ALLTAGSFLOSKELN

고맙습니다.
[*komapßımnida.*] "Danke / Ich danke Ihnen."

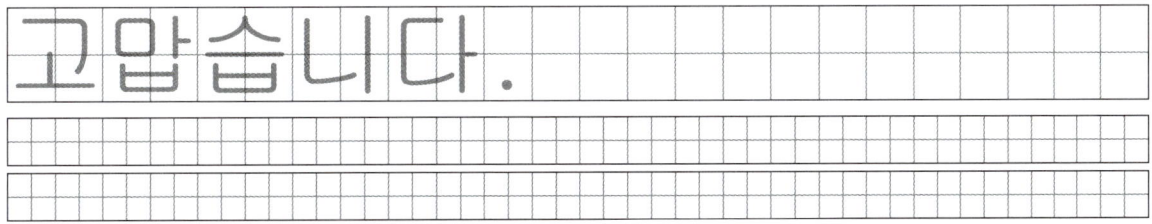

Diese Höflichkeitsfloskel wird begleitet von einem leichten Kopfnicken, das in Korea als Geste des Respekts gilt.

어디에서 오셨어요?
[*OdießO oschjeßßOjo?*] "Woher kommen Sie?"

한국 사람이세요?
[*hanguk ßaramißejo?*] "Sind Sie Koreaner/-in?"

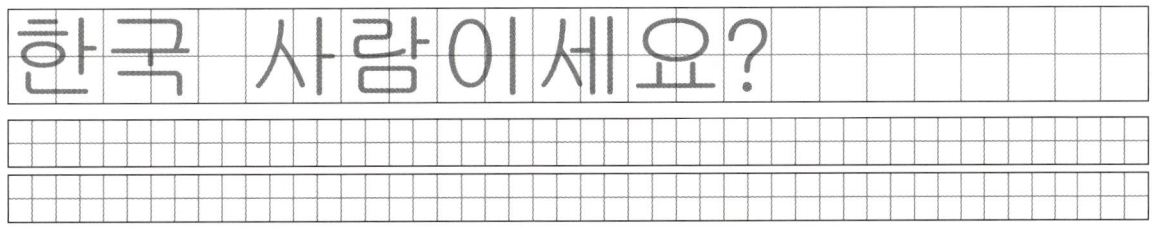

Wörtlich bedeutet die Frage etwa "Sind Sie Korea Mensch?"

ALLTAGSFLOSKELN

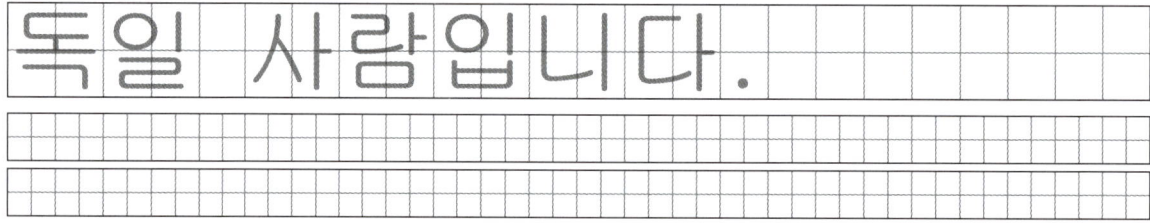

[*togil ßaramimnida.*] "Ich bin Deutscher/Deutsche."

In diesem Satz wurde das Subjekt 저 [*djO*] "ich" weggelassen. Die Verwendung des Subjekts ist im Koreanischen nicht zwingend.

[*hangugOrıl hal ßu ißßOjo.*] "Ich kann Koreanisch."

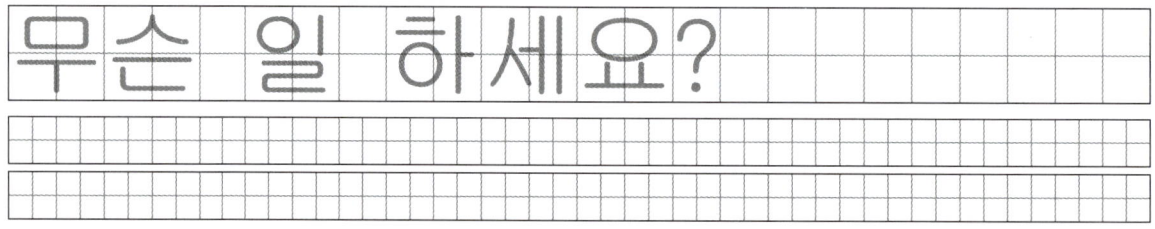

[*mußın il haßejo?*] "Was machen Sie beruflich?"

Genauer ausgedrückt heißt dies "Was für eine Arbeit machen Sie?"

ALLTAGSFLOSKELN

실례합니다만...
[schilljehamnidaman...] "Entschuldigen Sie, aber ..."

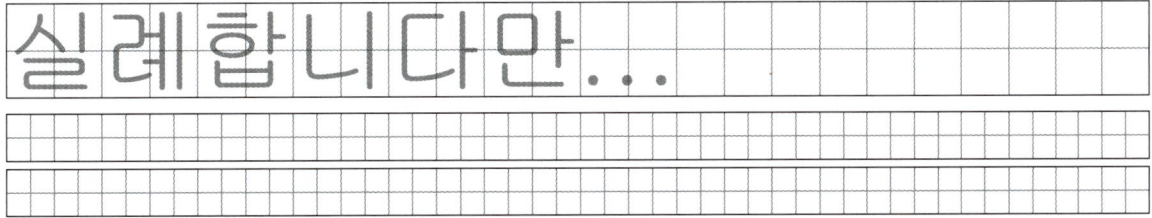

Diese Floskel wird verwendet, wenn man eine Person ansprechen möchte, um eine Unterhaltung zu beginnen.

나이가 몇 살입니까?
[naiga mjOt ßalimnikka?] "Wie alt sind Sie?"

Die Frage nach dem Alter spielt eine sehr wichtige Rolle in Korea. Ist jemand älter als der Sprecher, wird er anders angesprochen als eine jüngere Person, selbst wenn der Altersunterschied nur geringfügig ist.

저는 스무 살입니다.
[djOnın ßımu ßalimnida.] "Ich bin 20 Jahre alt."

ALLTAGSFLOSKELN

결혼하셨어요?
[kjOlhonhaschjeßßOjo?] "Sind Sie verheiratet?"

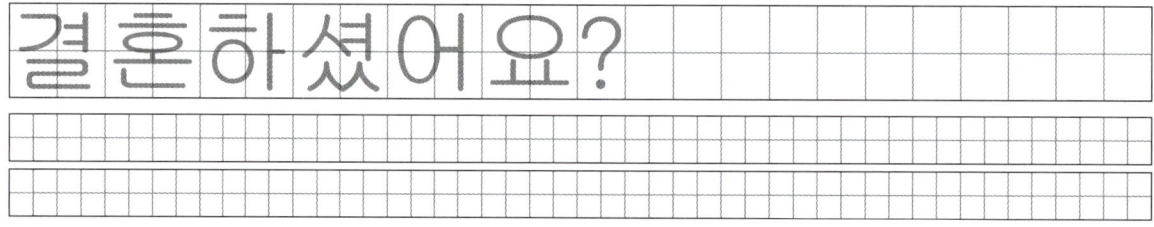

Koreanerinnen ändern übrigens ihren Nachnamen nach der Heirat nicht.

생일 축하해요!
[ßängil tjukhahäjo!] "Herzlichen Glückwunsch zum Geburtstag!"

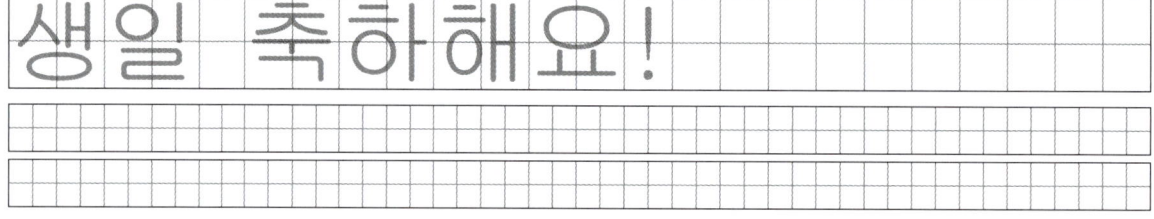

Etwas formeller ist der Ausdruck **생일 축하합니다** [ßängil tjukhahamnida], wenn man eine ältere Person oder eine Respektsperson anspricht.

새해 복 많이 받으세요!
[ßähä pok mani padıßejo!] "Frohes neues Jahr!"

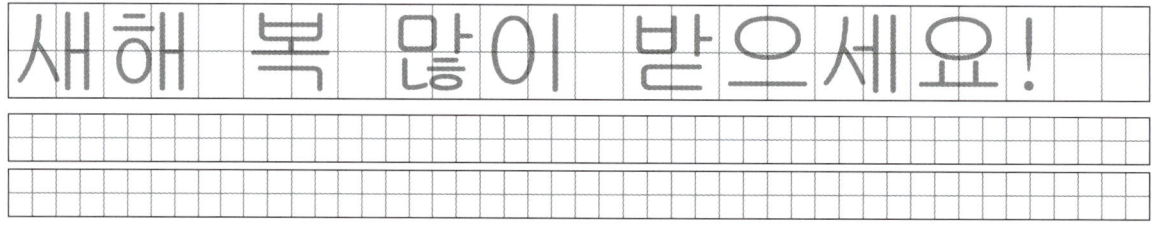

Wörtlich bedeutet diese Floskel in etwa "Erhalten Sie viel Glück für das neue Jahr".

ALLTAGSFLOSKELN

도와 주세요!
[*towa djußejo!*] "Hilfe!"

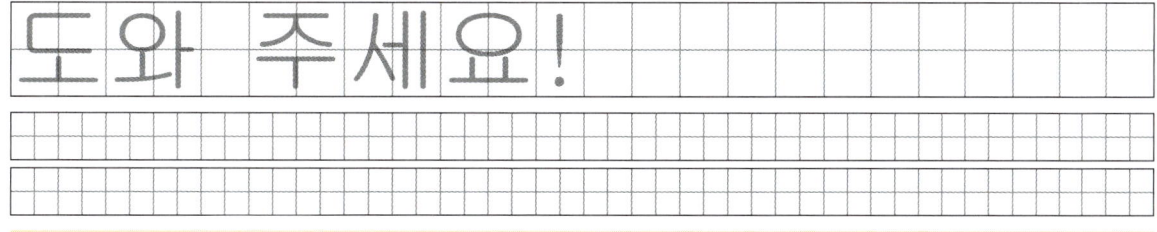

길을 잃어버렸어요.
[*kirıl irObOrjOßßOyo.*] "Ich habe mich verlaufen/verfahren."

Beachten Sie, dass der Buchstgabe ㅎ [*h*] in der Silbe 잃 stumm bleibt.

식사는 하셨어요?
[*schikßanın haschjOßßOjo?*] "Wie geht es Ihnen?"

Diese Floskel (wörtl. "Haben Sie schon gegessen?") geht zurück auf die Zeit, als die Menschen von Dürren und Hungersnöten bedroht waren und es nicht selbstverständlich war, dass jeder einen vollen Magen hatte.

ALLTAGSFLOSKELN

몸이 안좋아요.
[*momi andjohajo.*] "Ich fühle mich nicht gut."

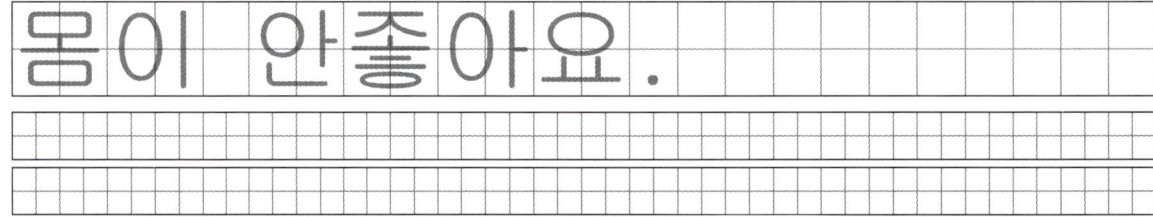

Wörtlich lässt sich diese Floskel etwa mit "Körper nicht gut" wiedergeben.

오늘이 며칠이에요?
[*onıri mjOtjiriejo?*] "Welchen Tag haben wir heute?"

시간 있으세요?
[*schigan ißßißejo?*] "Haben Sie Zeit?"

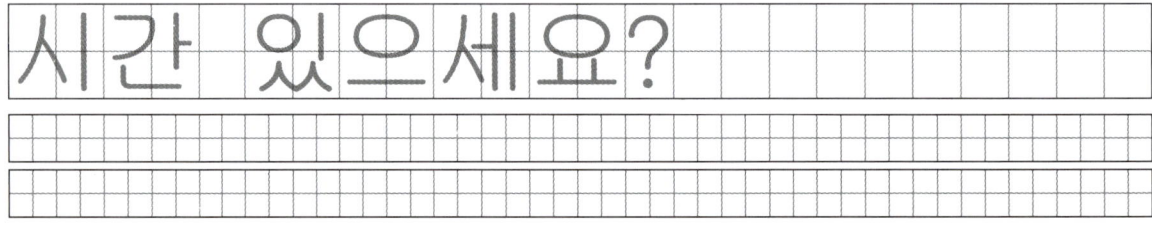

시간 kann sowohl mit "Zeit" als auch mit "Stunde" übersetzt werden.

ALLTAGSFLOSKELN

몇 시예요?

[*mjOt schijejo?*] "Wie spät ist es?"

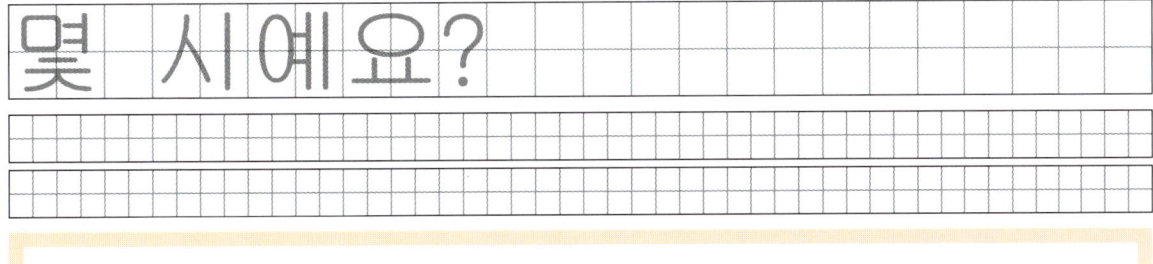

커피 한 잔 할까요?

[*kʰOpʰi han djan halkkajo?*] "Möchten Sie eine Tasse Kaffee?"

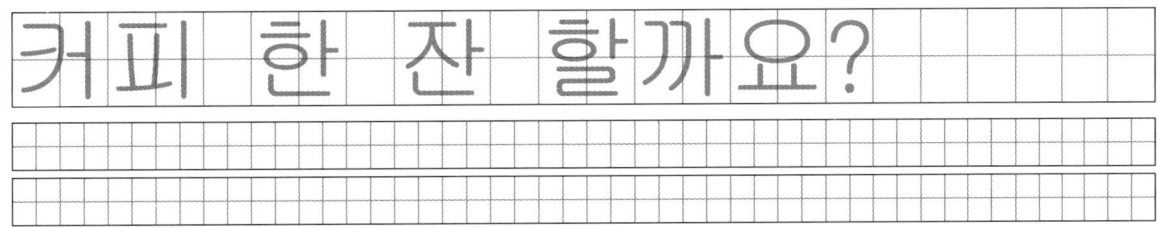

In Nordkorea benutzt man für "Kaffee" das Wort **흑차** [*hɪktʃa*].

미안 해요.

[*mian häjo.*] "Es tut mir leid."

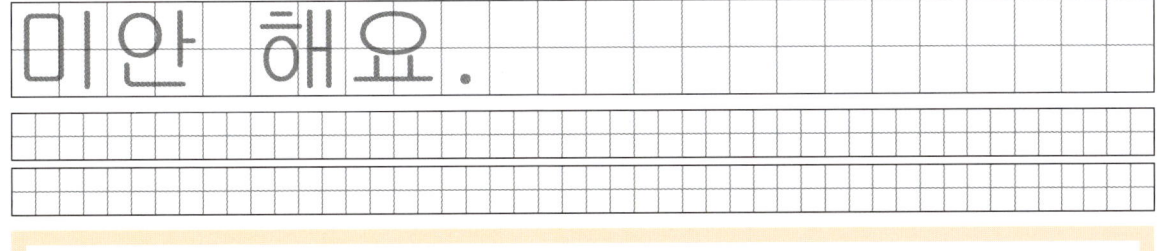

ALLTAGSFLOSKELN

싫은데요!
[*schilhındejo!*] "Ich habe keine Lust!"

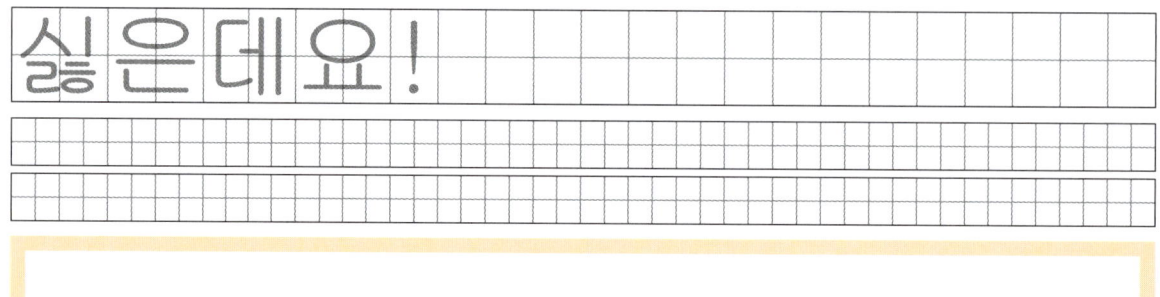

모르겠어요.
[*morıgeßßOjo.*] "Ich weiß nicht."

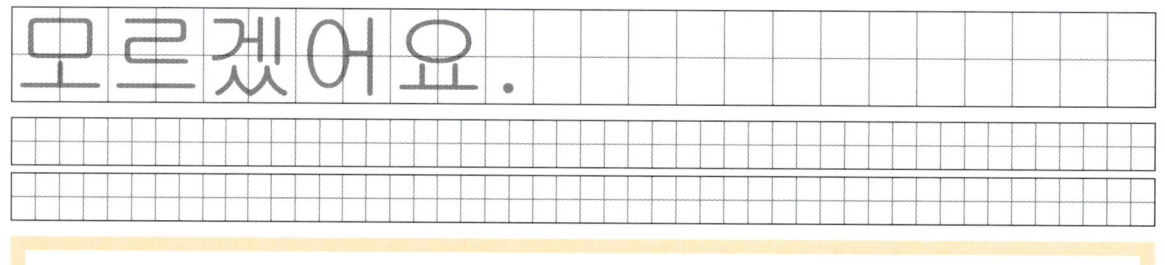

이것은 정말 멋지다.
[*igatın djOngmal mOtdjida.*] "Das ist sehr cool."

ALLTAGSFLOSKELN

예의바른 사람이군요!
[*jeuibarın ßaramigunjo!*] "Wie nett von Ihnen!"

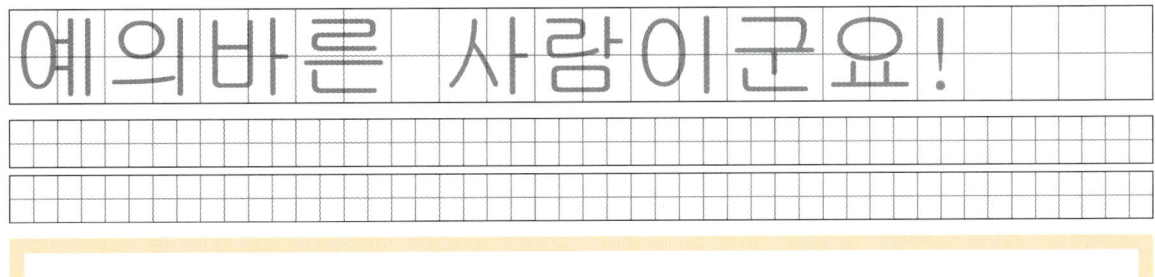

몇시에 만날까요?
[*mjOtschie mannalkkajo?*] "Wann treffen wir uns?"

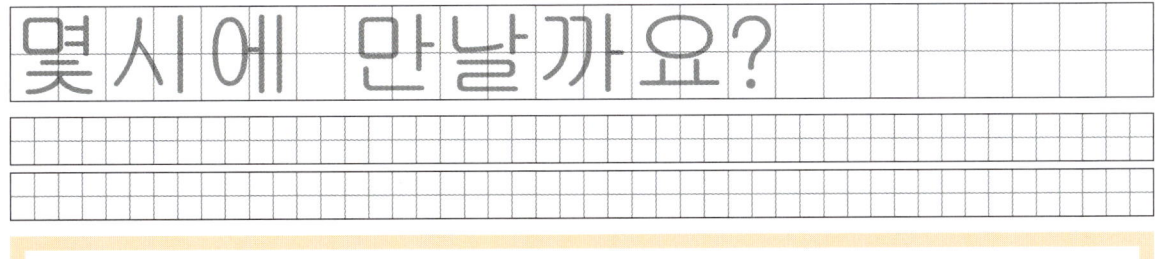

한국어를 못 해요.
[*hangugOrıl mot häjo.*] "Ich spreche kein Koreanisch."

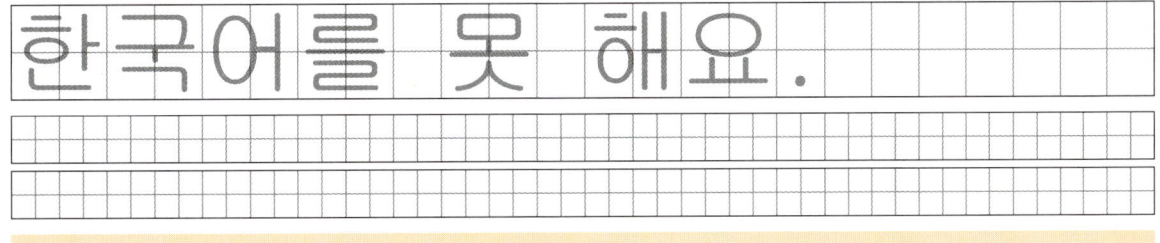

ALLTAGSFLOSKELN

차린 건 없지만 맛있게 드세요!

[*tʃarin gan Opdʒiman matißßke tıßejo!*] "Guten Appetit!" (1)

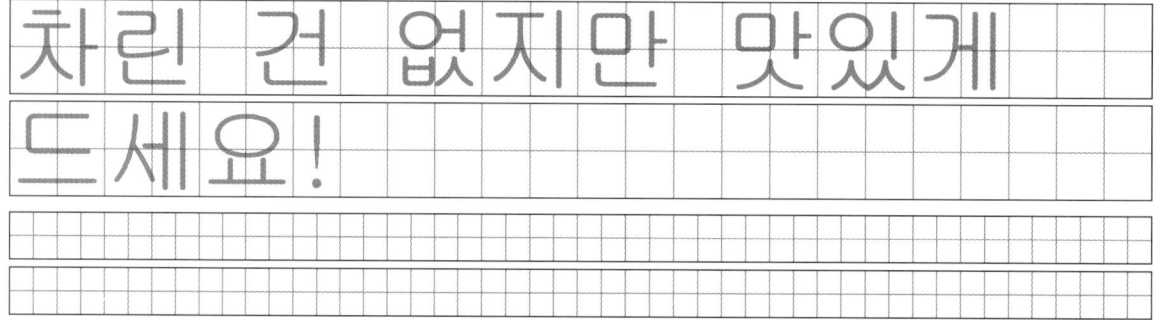

Wörtlich heißt dies "Ich habe doch gar nichts vorbereitet, aber genießen Sie es!" und wird von der Person benutzt, die die Mahlzeit vorbereitet hat.

잘먹겠습니다!

[*dʒalmOkkeßßımnida!*] "Guten Appetit!" (2)

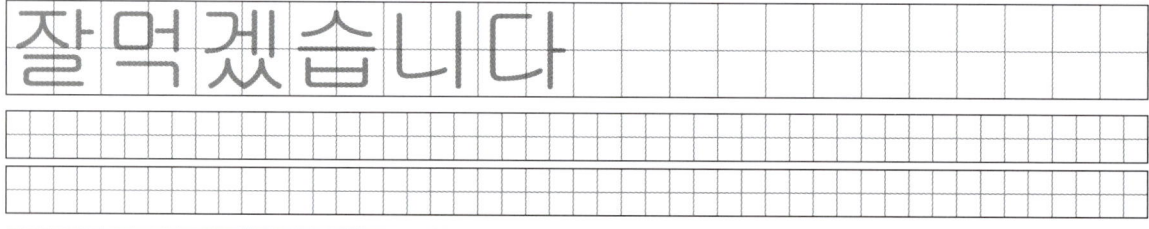

Diese Floskel ist die Antwort auf den vorherigen Satz und wird von den Gästen benutzt. Sie bedeutet "Diese Speise werde ich genießen".

ALLTAGSFLOSKELN

정말 맛있네요!
[djOngmal maschißßnejo!] "Das ist wirklich lecker!"

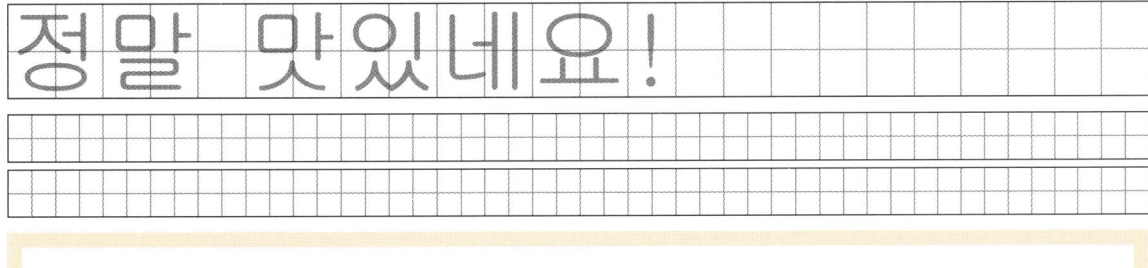

건배!
[kOnbä!] "Prost!"

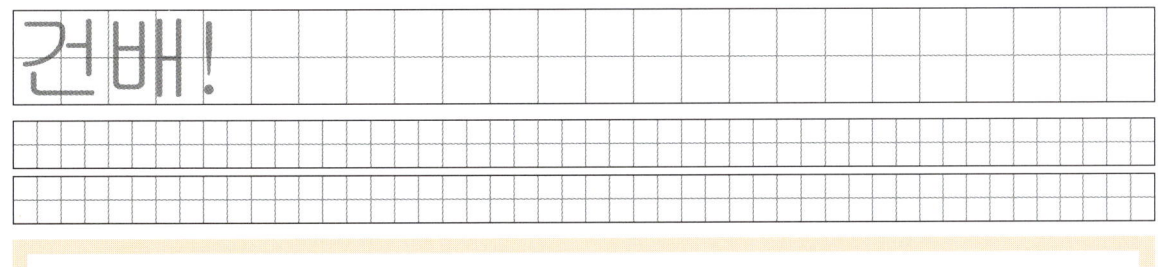

영화가 어땠어요?
[jOnghwaga OttäßßOjo?] "Wie war der Film?"

Filme sieht man im **극장** [kıkdjang] oder auch **영화관** [jOnghwa-gwan] "Kino".

Koreanische Redewendungen

Inhalt dieses Kapitels und Hinweise zur Verwendung

Sie haben bereits einen Großteil des Schreibübungshefts durchgearbeitet und sich mit den Konsonanten, Vokalen und Halbvokalen des Koreanischen vertraut gemacht. Auch ein- und mehrsilbige Wörter haben Sie bereits geschrieben, und wir haben Ihnen internationale Wörter, europäische Namen in "koreanisierter" Form und praktische Ausdrücke aus der Alltagssprache präsentiert.

Bestimmt geht Ihnen das Schreiben inzwischen schon gut von der Hand und die Grundstrukturen der Silben sind für Sie kein Buch mit sieben Siegeln mehr.

Im letzten Teil des Hefts wollen wir uns mit einigen landestypischen koreanischen Redewendungen und umgangssprachlichen Ausdrücken beschäftigen. Der Aufbau dieses Kapitels und die Präsentation der einzelnen Ausdrücke mit Lautschrift und deutscher Entsprechung sind ebenso wie in den letzten Kapiteln. Sie werden in diesem Teil auch weitere Silben und Buchstabenvariationen kennenlernen.

Da die meisten der vorgestellten Wendungen sehr bildhaft sind, haben wir mitunter auch einige Erläuterungen zur Entstehung und Bedeutung ergänzt. Auf diese Weise erhalten Sie einen interessanten und unterhaltsamen Einblick in die Kultur und Mentalität der Koreaner.

Und nun weiterhin viel Spaß!

REDEWENDUNGEN

국수를 먹다
[kukßurıl mOkta]
"heiraten"

Wörtlich bedeutet dies "Nudeln essen", sinngemäß "zu einer Hochzeit einladen". Fragt ein Koreaner oder eine Koreanerin Sie "Wann essen wir Nudeln?", so verbirgt sich dahinter die Frage, wann Sie heiraten und andere dazu einladen, dieser Hochzeit beizuwohnen.

눈이 높다
[nuni nop^{h}ta]
"anspruchsvoll"

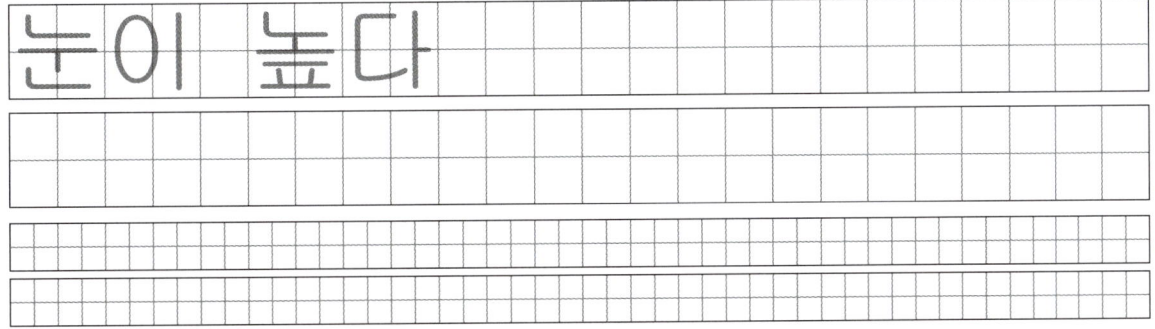

Wörtlich könnte man diesen Ausdruck etwa mit "hohe Augen haben" wiedergeben. Man drückt damit aus, dass jemand "anspruchsvoll" oder "wählerisch" ist.

REDEWENDUNGEN

눈감아 주다
[nungama djuda]
"ein Auge zudrücken"

눈감아 주다

Hier liegen die wörtliche ("die Augen schließen") und die sinngemäße Bedeutung relativ nah beieinander: Gemeint ist mit dieser Wendung "jemandem etwas (z. B. einen Fehler) durchgehen lassen".

귀가 얇다
[kwiga jalda]
"beeinflussbar sein"

귀가 얇다

Wenn Sie eine Person sind, die sich leicht von anderen beeinflussen lässt, würde ein Koreaner von Ihnen sagen, dass Sie "dünne Ohren haben".

REDEWENDUNGEN

입이 무겁다
[ibi mugOpta]
"wie ein Grab schweigen"

입이 무겁다

Sie können gut Geheimnisse oder Ihnen Anvertrautes bewahren und schweigen wie ein Grab? Dann trifft dieser Ausdruck auf Sie zu, denn das ist seine sinngemäße Bedeutung. Wörtlich kann man ihn mit "einen schweren Mund / schwere Lippen haben" wiedergeben.

바람을 맞다
[paramıl matta]
"versetzt werden"

바람을 맞다

Sie haben sich verabredet und die andere Person kommt nicht? In diesem Fall verwenden die Koreaner diesen Ausdruck, der wörtlich "einen Windstoß erhalten" bedeutet. Gemeint ist, dass der oder die Wartende "versetzt" wird.

REDEWENDUNGEN

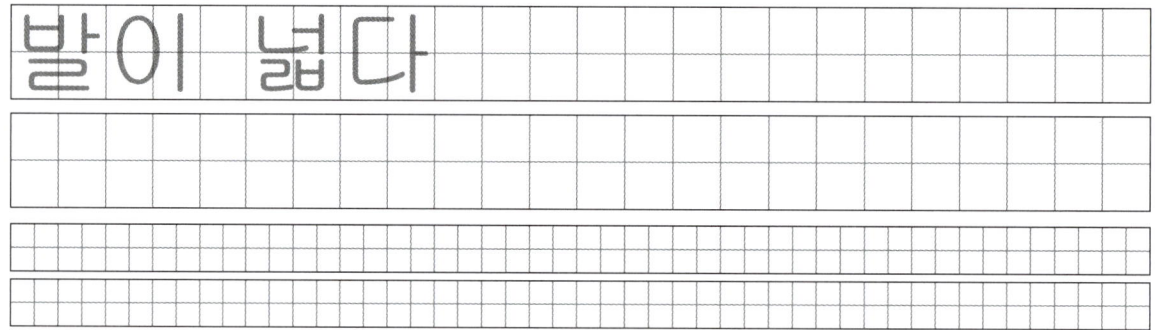

발이 넓다
[pari nOlda]

"ein großes Netzwerk haben"

Wenn Sie einen großen Bekanntenkreis haben, der Ihnen gelegentlich zu Hilfe kommt, dann würde ein Koreaner sagen, dass Sie "einen breiten Fuß haben".

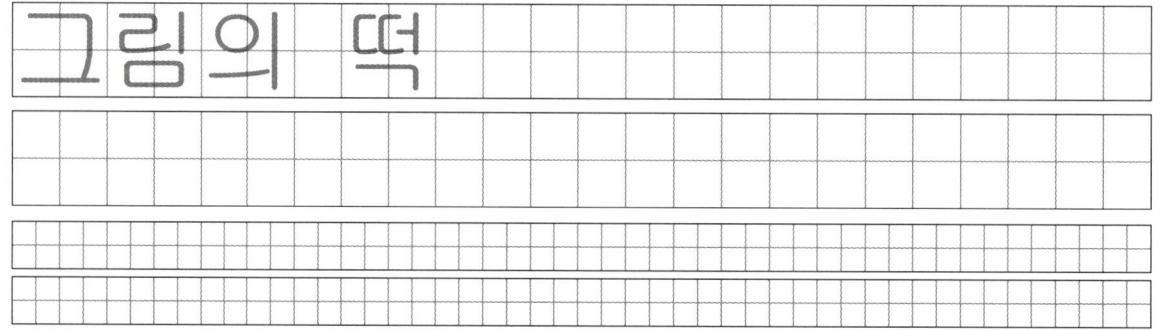

그림의 떡
[kırimui ttOk]

"Hirngespinst, Wunschdenken"

Reiskuchen zählt zu den Lieblingsdesserts der koreanischen Küche. Es verwundert also nicht, wenn man etwas, das schwer zu erreichen ist, als "Reiskuchen auf dem Bild" bezeichnet: Man kann es nur bewundern, aber nicht haben.

REDEWENDUNGEN

식은 죽 먹기
[schigın djuk mOkki]

"kinderleicht sein"

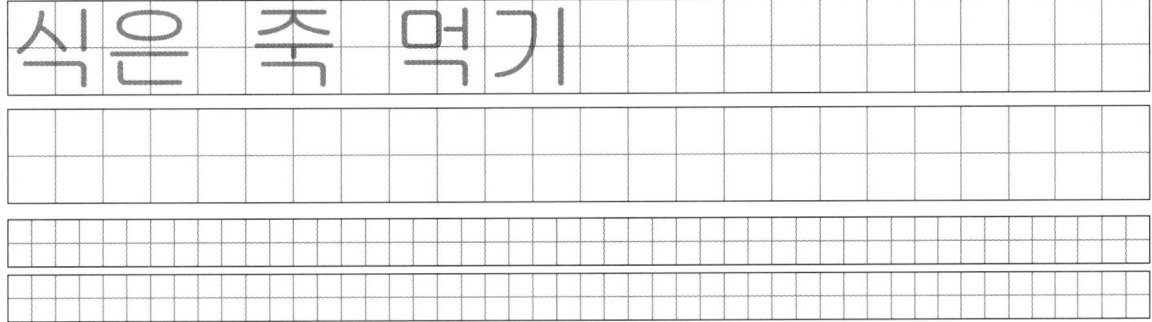

Koreaner vergleichen etwas, das für uns ein Kinderspiel, also ganz einfach, ist, gerne mit "kalten Brei essen".

바람을 넣다
[paramıl nOhta]

"jemanden motivieren"

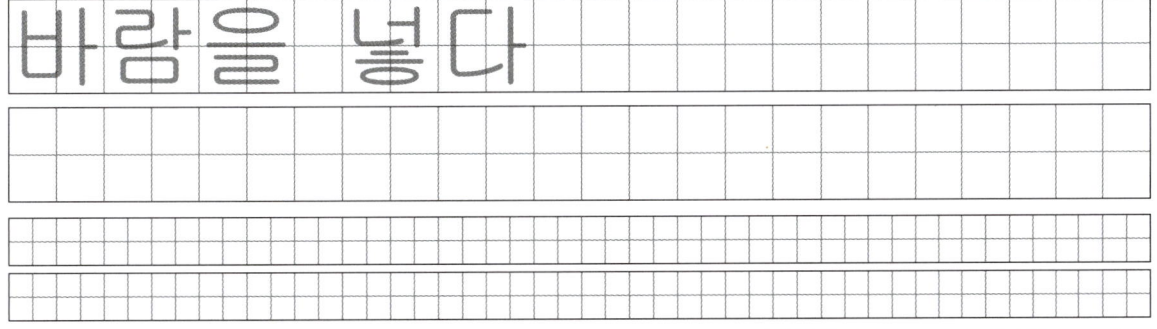

Um eine Person zu motivieren, wird in Korea "Wind hinzugefügt", d. h. die Person wird auf diese Weise zu mehr Leistung angetrieben.

REDEWENDUNGEN

배가 아프다
[päga ap^hıda]
"eifersüchtig sein"

Eifersucht ist kein positives Gefühl. Das Koreanische benutzt dafür das Bild, dass der eifersüchtigen Person "der Bauch wehtut".

눈이 열리다
[nuni jOllida]
"etwas realisieren"

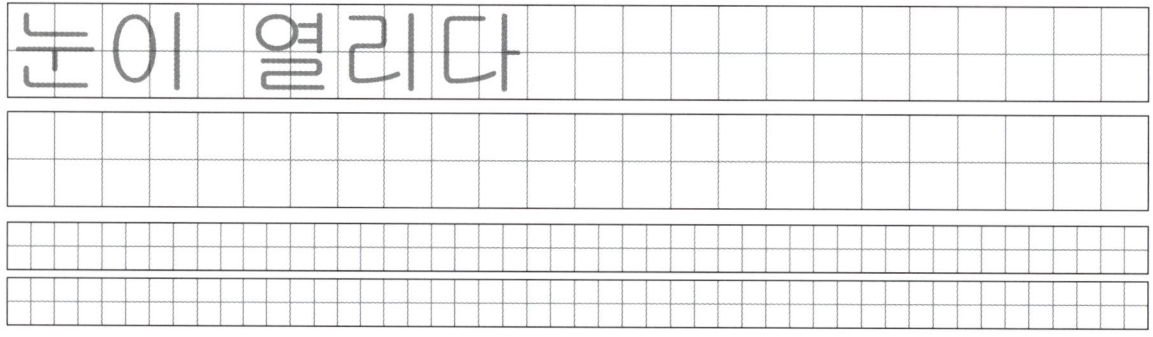

Diese Wendung lässt sich problemlos auch ins Deutsche übertragen. Wird uns etwas bewusst, das uns zuvor verschlossen war, ist dies gleichbedeutend mit "die Augen öffnen".

REDEWENDUNGEN

눈코 뜰 새 없다
[nunkʰo ttıl ßä Optta]
"keine Zeit haben"

Das kennen Sie bestimmt auch: Sie sind bereits in Eile und müssen darüber hinaus noch vieles erledigen. An Ihrer Stelle würde ein Koreaner sagen, dass er "noch nicht einmal die Augen und die Nase öffnen kann".

눈엣가시
[nunetkaschi]
"nervig sein"

Ist jemand nervig, kann man auf Koreanisch metaphorisch sagen, dass er wie "ein Dorn im Auge" ist.

REDEWENDUNGEN

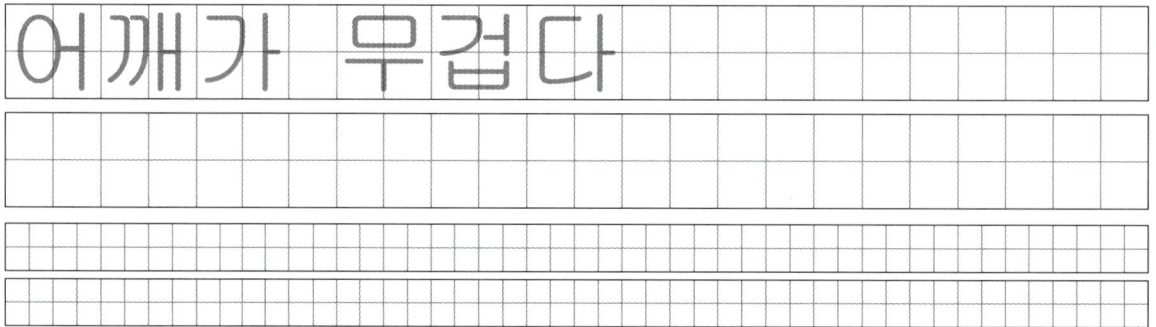

어깨가 무겁다
[Okkäga mugOpta]
"die Verantwortung für etwas tragen"

Verantwortung zu tragen ist nicht immer einfach. Das Koreanische gibt dies sehr treffend mit dem Ausdruck "schwere Schultern haben" wieder.

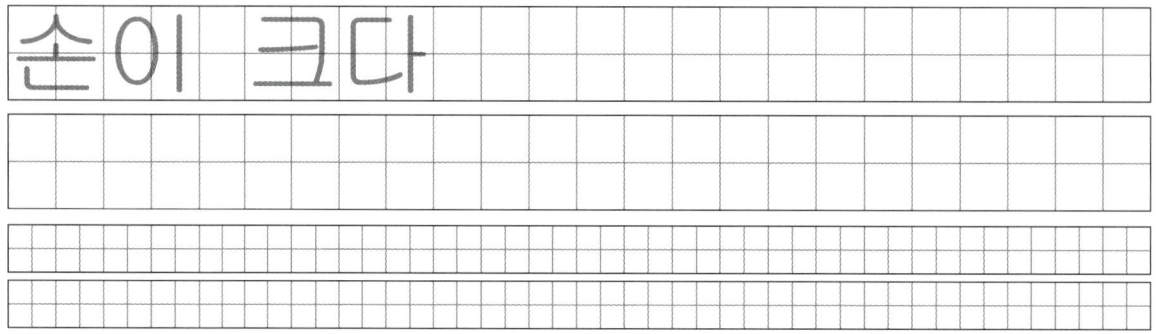

손이 크다
[ßoni kʰıda]
"zu viel von etwas besorgen/vorbereiten"

Großzügigkeit ist immer eine positive Eigenschaft und dies wird auch in Korea wertgeschätzt. Manchmal kann man es aber auch übertreiben und zu viel von etwas besorgen, das gar nicht benötigt wird. In einer derartigen Situation benutzt man diesen Ausdruck, der wörtlich so viel heißt wie "große Hände haben".

REDEWENDUNGEN

귀가 가렵다
[kwiga karjOpta]

"den Eindruck haben, dass jemand über uns redet"

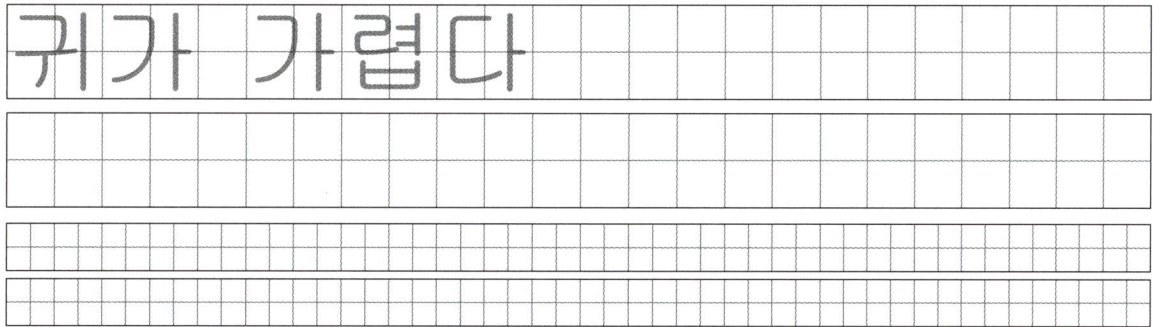

Glaubt eine Person, dass jemand anderes gerade etwas über sie sagt, dann klingen die Ohren, zumindest im Deutschen. Wie dieser Ausdruck zeigt, klingen die Ohren der Koreaner in diesem Fall nicht: Man hat "juckende Ohren".

가재는 게 편이라
[kadĵänın ke pʰjOnira]

"Ähnliche Menschen bleiben zusammen"

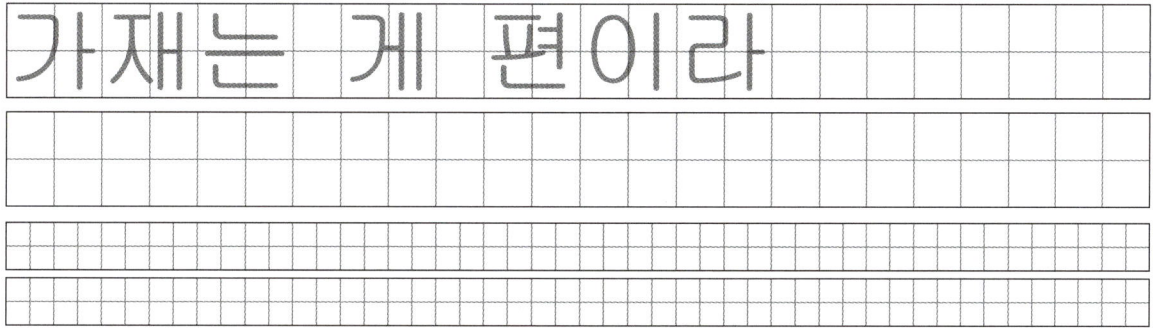

Um auszudrücken, dass Menschen mit ähnlichen Charakterzügen sich meist gut verstehen, sagen die Koreaner, dass "Krebse immer bei den Krabben bleiben".

Zeit für eine Bilanz

Dies ist das Ende dieses Schreibübungshefts, aber bestimmt nicht das Ende Ihrer Kalligrafiekarriere! Sie haben sich mit diesem Heft eine hervorragende Grundlage erarbeitet; nun wäre es schade, wenn Sie dies nicht weiter ausbauen. Wo immer Sie koreanische Texte finden, sei es in Büchern, in Zeitungen und Zeitschriften oder im Internet, können Sie diese als Vorlage für weitere Schreibübungen nutzen.

Und wenn dieses Heft Ihr Interesse an der koreanischen Sprache geweckt hat oder Sie angeregt hat, vorhandene Koreanischkenntnisse auszubauen, so schauen Sie sich doch einmal unseren Sprachkurs "Koreanisch ohne Mühe" näher an, den wir Ihnen auf der letzten Umschlagseite vorstellen. Er ist die ideale Ergänzung zu diesem Schreibübungsheft.

Nun bleibt uns nur noch,

[*kamßahamnida*]

"Danke"

dafür zu sagen, dass Sie uns so fleißig bis hierhin gefolgt sind, und Ihnen weiterhin viel Spaß und Erfolg beim Koreanischlernen zu wünschen!